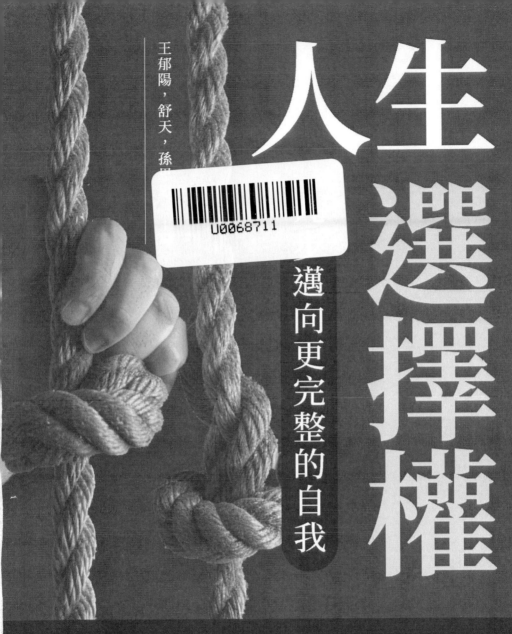

王郁陽，舒天，孫思

人生選擇權

邁向更完整的自我

U0068711

目標規劃 × 自我挑戰 × 親密關係 × 情緒價值

人生中的無數抉擇，都要遵循心之所向！

設定明確目標、培養品德價值、達成內在平靜、情緒向內給予……
在每一次抉擇中完整自我，尋找人生的無限可能！

目錄

目錄

目錄

九、愛與恨：情感的鍊金術

一、夢想與決心：
　　導航人生的羅盤

1.

夢想的力量

　　成功的人一定要有夢想、有遠見、有熱情、執著，你必定要對每個目標朝思暮想。對於一個渴望成功並一直為之努力的人來說，最迫切、最渴望的事莫過於確立人生的目標。

　　一個人走在通向夢想的途中，他可以一無所有，但不能沒有夢想。一個人若想成功，首先要明確知道自己最愛的是什麼、最渴望的是什麼、夢想是什麼；確立了人生的目標以後，為了實現這個夢想，你可能花上幾年、甚至終生時間去追求。夢想就是一股偉大的力量，它能激勵我們去努力、去奮鬥，戰勝一切艱難險阻，從而堅定又自信地走完人生之路。這就是人生的樂趣所在。

　　如果你願意接受這樣的測試，腦海中不妨想像這樣的畫面：一頭驢子拉著一輛車，前面有幾根紅蘿蔔在牠的眼前晃來晃去，那頭驢子就會拉著車子去追那幾根紅蘿蔔。

　　然而我們人類畢竟不是驢子，但是我們不能否認，一個懸在眼前的目標對於我們的重要意義。驢子眼中的紅蘿蔔，

也許就是我們人類的夢想。熱忱和行動的關係，就好像是蒸汽機和火車頭，夢想是行動的主要推動力。人類最偉大的領袖，就是那些用知識和夢想鼓舞他的追隨者發揮最大熱忱的人。夢想也是行銷才能中最重要的因素。

多年來，美國成功學大師拿破崙‧希爾，大都在晚上寫作。某天晚上，拿破崙‧希爾正專注打字，偶爾從書房窗戶望出去──他的住處正好在紐約市大都會高塔廣場的對面，他看到了似乎是最怪異的月亮倒影，反映在大都會高塔上。那是一種銀灰色的影子，是他從來沒見過的；再仔細觀察一遍，拿破崙‧希爾發現：那是清晨太陽的倒影，而不是月亮的影子。

原來已經天亮了，他工作了一整夜，但太專心工作，使得一夜彷彿只是一個小時，一眨眼就過去了。他又繼續工作了一天一夜，其間除了停下來吃點清淡食物以外，未曾停下來休息。如果他不是對手中工作充滿了夢想的熱忱，而使身體獲得了充分的精力，拿破崙‧希爾不可能連續工作一天兩夜而絲毫不覺得疲倦。對於夢想的追求，並不是一個空洞的名詞，它是一種重要的力量，你可以加以利用，使自己獲得好處。沒有這種夢想的支撐，你就像一個已經沒電的電池。

夢想是一股偉大的力量，你可以利用它來補充身體精力，並發展出一種堅強的性格。為自己塑造夢想的過程十

分簡單，首先，從事你最喜歡的工作，或提供你最喜歡的
服務。

　　瓦特在少年時代，是個滿腦子奇思妙想的乖孩子，他整
天沉醉在自己的世界裡。某天，他正雙手托腮幻想著一件令
他百思不得其解的事；他的母親喝斥他，讓他到廚房裡看一
看水開了沒有？瓦特在廚房裡看到了一個足以改變他一生的
現象：沸騰的水把壺蓋頂起來，一起一落。這個平常的小
事，卻在瓦特的心裡產生了巨大聯想，他發現了水沸騰之後
的巨大力量。後來，瓦特根據這一發現，發明了蒸汽機，為
人類歷史帶來了巨大的革命，推進了人類文明。

　　堅持不懈實現目標，是你最重要的動力，這種動力必須
來自於「夢想、目標和執著」的結合。若要達成目標，你必
須有熱忱、有決心、有骨氣、願意付出、不怕辛苦。有了確
定的目標，我們就能不斷朝著它前進，在前進的過程中會發
現，動力和成功實際上是相似的概念；若你有動力，就會成
功。當我們了解自己是什麼樣的人，確立自己的路徑和如何
實現時，下一步就是確定自己的目標。

　　當人們談到他們的理想時，常有幾種典型的說法，例
如：「我要賺很多錢。」或者「我要找到一份好工作。」或
者：「我要自己創業當老闆。」這些都太籠統了。多少錢才
是「很多錢」？什麼樣的工作才算是好工作？你要從事哪一

種行業的生意？若你想賺很多錢，應明確說出你想賺多少錢，並設定達成目標的時間；若你的目標是找到一份好工作，就要詳細描述你想要從事的工作；若你的夢想是做生意，就要描述你要從事的行業以及何時開始進行。

　　大多數人只是抱持希望。做一個實現夢想的人吧！做一個清楚知道自己想要什麼的人吧！

2.

追夢的翅膀

人類的心思是非常奇妙的東西。我們所創造的每一件事物，從最簡單的一張桌子到一臺複雜的機器，都是思想與內心夢想的結合。

夢想，像是心中飄浮的一縷美麗誘惑，它使得平凡的你再也無法忍受以往的平淡與無趣；突然之間，體悟到生活中應有的詩意和詩意的選擇。

夢想，就像眼前豁然亮起的一幅燦爛奇景，它使得微小的你再也不肯在卑微中虛度光陰和扼殺原本的生機，湧現的是天高地闊的景象和對這種景象的渴望。

成功者與失敗者之間最大的區別，通常就在於毅力。許多天資聰穎者因為中途放棄了，使得功虧一簣。然而，取得輝煌成就的人絕對不會輕言放棄。成功者只不過是比失敗者多爬起來一次而已，而支撐他們站起來的信念就是心中的夢想。

尼爾・盧迪 —— 現在是一位極具感染力的演說家。盧迪在伊利諾伊州喬列特長大，從小就聽說過聖瑪麗大學的神奇

故事，夢想著有一天能在那裡的綠茵場上踢足球。朋友們告訴他，他的成績不夠好，又不是公認的體育好手，不要做白日夢了。因此，盧迪放棄了自己的夢想，去了一家發電廠當工人。

不久後，他的一位朋友在工作中發生了事故身亡，這讓盧迪感到震驚。他突然意識到生命是如此短暫，以至於你可能永遠沒有機會去追求自己的夢想。於是他開始積極努力，最終在 23 歲時進入了印第安納州的聖十字初級大學。盧迪很快完成了學業，轉到了聖瑪麗大學，成為了幫助校隊做比賽準備的「童子軍隊」成員。

盧迪的夢想即將成真，但他卻未被准許參加比賽穿上球衣。隔年，經過多次要求後，教練終於告訴他可以在比賽的最後一場穿上球衣。在那場比賽期間，他身穿球衣坐在聖瑪麗校隊的替補席上。看臺上的一個學生大聲喊道：「我們要盧迪！」其他學生也跟著叫喊起來。在比賽結束前 27 秒時，盧迪終於被派到場上，進行最後一次爭搶，隊友們幫助他成功地搶到了那個球。

17 年後，在聖瑪麗大學體育館外的停車場，一個電影攝製組正在那裡為一部關於他生平的電影拍外景。盧迪的故事告訴我們：只要擁有夢想，沒有什麼是辦不到的。

如果有人對你說：「你很傻，老是做白日夢。」你可以

告訴他，當生命追求其本質時，夢想才是最真實、最自然的事物。有了夢想，才會有希望，才會有生活的動力。

有了夢想，同時也需要擁有實現夢想的堅強意志與決心，才是一件好事。僅僅擁有夢想而不努力、有願望卻缺乏實際行動來實現願望，是很難成功的。只有那些實際行動的夢想 —— 夢想並伴隨著艱苦的工作、不斷努力，才是有價值的。

就像其他的能力一樣，夢想的能力也可能被誤用或濫用。有許多人整天做著白日夢，卻不去付諸實際行動，他們把全部的生命力都浪費在「建造」空中樓閣上。他們生活在一個不真實的虛幻世界中，直到其他各種能力因不活動而癱瘓。

我們越能實現自己的夢想，我們的能力也會越顯強大、越具有效力。一個人的夢想實現後，往往會引發一連串新的夢想。就在我們努力將夢想化為現實的過程中，我們看見了世界的種種希望。

不要阻止你的夢想和信念，要鼓勵你的憧憬、實現你的夢想，同時努力使之成真！這種讓我們向上的展望、向更高處攀登的能力，是與生俱來的，它是指引我們走向至善之路的指南針。你生命的內容將全憑你的憧憬而決定，你的夢想就是你生命歷程的預言。有夢想，才能飛翔。

3. 成為偉人的幻想

夢想就像是人生列車的目的地，而偉大的人，有時就是抵達那趟列車的終點站者。把自己想像成偉大的人，其實就像是搭上了這趟列車的車票。

夢想只是成功的遠景，不是眼前的現實。在實現夢想之前，我們需要充滿信心，將夢想形象化，想像成功的場景，每天像看電視節目一樣對自己播放，不斷地表達對夢想的信心。只有透過不斷地想象、加深印象，默默地告訴自己，同時向他人述說，我們才能夠成為偉大的人。這樣才能夠在成功的道路上越走越遠、越跑越歡。

有一位法國人，42 歲時一事無成，自認倒楣透了：離婚、破產、失業……他不知道自己的生存價值和人生意義，對自己非常不滿，變得古怪、易怒，同時又十分脆弱。有一天，一個吉普賽人在巴黎街頭為他占卜，他隨意一試。

吉普賽人看過他的手相後，說：「你是一個偉人，您很了不起！」

「什麼？」他大吃一驚，「我是個偉人，你不是在開玩笑吧？！」

吉普賽人平靜地說：「您知道您是誰嗎？」

「我是誰？」他暗想，「是個倒楣鬼、是個窮光蛋、是個被生活拋棄的人！」

但他仍然故作鎮靜地問道：「我是誰呢？」

「您是偉人」吉普賽人說，「您知道嗎，您是拿破崙轉世！您身體流的血、您的勇氣和智慧，都是拿破崙的啊！先生，難道您真的沒有發覺，您的面貌也很像拿破崙嗎？」

「不會吧……」他遲疑地說，「我離婚了、破產了、失業了，我幾乎無家可歸……」

「嘿，那是您的過去。」吉普賽人說，「您的未來可不得了！如果先生您不相信，就不用給錢了。不過五年後，您將是法國最成功的人！因為您就是拿破崙的化身！」

他表面裝作極不相信地離開了，但心裡卻有了一種從未有過的偉大感覺。他對拿破崙產生了濃厚的興趣。回家後，他開始尋找與拿破崙有關的書籍來學習。漸漸地，他發現周圍的環境開始改變了，朋友、家人、同事、老闆，都對他產生了不同的眼光、不同的表情，事情開始順利起來。

後來他才明白，其實一切都沒有變，是他自己變了：他的膽識、思維模式都在模仿拿破崙，就連走路說話都像。

　　13 年後，也就是他在 55 歲時，成了億萬富翁，法國赫
赫有名的成功人士。

4.

實現夢想的信念

人類最神聖的遺傳因子之一，便是夢想的力量。只要你相信更好的明天即將到來，當下的痛苦便不再那麼重要。對於那些真正善於夢想的人而言，即使身處困境，也能發現「鐵窗石壁也不是牢籠」。

經常將自己從煩惱和痛苦的環境中解脫出來，投入到和諧、善良、美好、真實的夢想中，這種能力實在是無價之寶。如果從我們的生命中剝奪了夢想的能力，我們中間還有誰能擁有足夠的勇氣和耐心，去不斷地敲打生命之門呢？

你是一個追求成功的夢想者嗎？

那些為人類帶來價值、解放人類免於卑賤和貧困、擺脫庸俗和醜陋、提供物質和精神財富的人，我們都應該感謝他們，因為他們就是夢想者 —— 歷史上留下永恆足跡的偉大人物。

如果刪去那些夢想者的成就，歷史又該如何書寫呢？他們是人類的先驅，是為後代鋪平道路、讓後代平安前進的勞動者。

　　現今的一切，不過是過去各個時代夢想的結晶 —— 是各個時代夢想的實現。

　　沒有夢想，或許美國人至今還停留在大西洋的一角；沒有夢想，也不會有電話、汽車、飛機、電腦等等讓我們使用，享受便利。

　　世界上最有價值、最有用處的人，是那些能夠展望到世界文化未來、預見人類從種種束縛中解放出來、並有能力實現這一未來的人。夢想者永遠是那些不懈奮鬥、孜孜不倦地追求似乎不會成功的事業者。

　　有人或許認為，想像力在藝術家、音樂家、詩人身上很有用，但在客觀世界中則毫無價值。然而，我們應該清楚，各領域的領袖通常都是夢想者，如科學家、工業巨頭、商業領袖，他們往往具有豐富的想像力，對科學、工業、商業的潛能有著非凡的洞察力。

　　無線電報的成功，正是馬可尼夢想的結晶。

　　給我們帶來使用電報便利的，難道不是莫爾斯的夢想之功嗎？

　　史蒂芬森在他還是一個貧苦的礦工時，就夢想著要發明蒸汽機車，最終改變了世界交通工具的面貌；大無畏的羅傑斯實現了他的夢想，坐著飛機翱翔於天空；大西洋的海底電訊是菲爾德夢想的實現，他的夢想，將歐洲和美洲連在一起

了！至今，世界變小，我們稱之為「地球村」。

　　對於那些夢想者的詩人，我們也應該致以感謝之意。如：莎士比亞，他教導我們要從平凡中看出神奇、從日常中發現非凡。每當我們走出劇院，靈魂因得到洗滌而高貴和聖潔。

　　善於夢想的人，無論貧窮、不幸，總是充滿自信，甚至自負。他們藐視命運，相信更好的日子終將到來。一個夥計，會夢想著擁有自己的店鋪；一個貧窮的女工，會夢想著購置一所美麗的住宅。這種夢想力令人驚嘆！它讓一貧如洗的人，夢想著賺取人生中的第一桶金。

　　正是這種夢想、希望、永遠期待著更美好的日子到來，讓我們維持勇氣、減輕負擔，克服前進路上的困難和挫折。

　　哈佛‧約翰以僅有的數百美元，最終創立了哈佛大學；而耶魯大學在剛成立時，只有極少數的書籍。這些就是化夢想為實際的極佳範例。

5.

繪製人生的藍圖

　　人生需要精心規劃，沒有這種習慣的人只能過著粗糙的生活，更不可能開啟人生的新局面。成功者的其中一個習慣，就是善於在人生規劃中精打細算！茫茫人海中，大多數人的一生，是毫無目標、毫無計畫的。他們只是每天過著相似的生活，除了老去之外，看不到任何變化；他們在自己築起的囚牢中徘徊、焦慮。人生失敗者從未解放過自己，也從未做出讓自己得到自由的決定。即使在最自由的社會裡，他們也不敢決定自己的人生。他們只是為了看看發生了什麼而去工作，寶貴的時間和精力，都花在看別人如何計劃人生和實現目標。

　　曾經有兩名瓦工，在炎炎烈日下辛勤地砌牆。一位行人走過，問他們：「你們在幹什麼？」

　　一人回答：「我們在砌磚。」

　　他的同伴回答：「我們在建造一座美麗的劇院。」

　　後來，把工作視為砌磚的瓦工，砌了一生的磚；而他的

同伴，成了一位優秀的建築師，承建了許多美麗的劇院。

為什麼同為瓦工，他們的成就卻有著如此大的差別？其實，從他們不同的回答中，就能看到他們不同的人生態度 —— 前者把工作僅僅當作工作；後者把工作當作一種創作。前者只是砌磚，而後者的目標很明確，是要建造一座美麗的劇院。

兩個人做同樣的工作，一個有目標，一個沒有，這就是造成他們成就和命運迥異的根本原因。

有人曾把人比喻為一條船。在人生的海洋中，大約有95%的船是無舵之船。他們總是漫無目的地漂流，面對著風浪和海潮的起伏，束手無策、任其擺布。結果不是觸礁，就是撞岩，以沉沒告終。還有約5%左右的人，他們有方向和目標，並研究了最佳航線，同時學習了航海技巧。這些船從這岸到彼岸、從這港到彼港，有計畫地行進。那些無舵船一輩子航行的距離，他們只要兩三年就到達了。他們像現實中的船長一樣，既熟知下一個停泊或通過的港口，也深知航船的目的地；即使航行的目的地暫不明確（例如探險航行），也能清楚地知道目標的特性、目的地上應有什麼，以及現在航行在什麼水域。如果出現狂風巨浪，或者其他意想不到的天災人禍，他們不會慌張，因為他們知道，只要把應做和能做的都做到，那麼抵達目的地就是確定無疑的事。

　　人生成大事者，往往從一開始就有了生活目標，應成為一個什麼樣的人？將誓死捍衛的是什麼？當自己離世以後，能為後人留下什麼？ —— 成大事者思索，並且明確表達。

　　成大事者很清楚，按階段有步驟地設定目標是何等重要。「一年計畫」、「六個月達標」、「本年度夏季運動會的目標」等等。然而，成大事者之所以成為成就者，最重要的原則是：成就，是在一分一秒中累積起來的。

　　成就者每天的目標，至少在前一天的傍晚或晚間制定出來，還要為第二天應該做到的事情排出先後順序，至少要寫出六個以上順序明確的內容。第二天清晨醒來，他們就按照事情的順序，一一身體力行。每天結束時，他們再次確認這張目標表。完成的目標用筆劃去，新的目標追加上去，一天內尚未完成的，順推到下一天去。

　　一個目標規劃圖，對自己和家庭、從現實到長遠利益都應是周全的。

6.

目標明確的生活

　　一個人有了明確的奮鬥目標，也就產生了前進的動力。因此，目標不僅是奮鬥的方向，更是一種對自己的鞭策。有了目標，就有了熱情和積極性，還有使命感和成就感。有明確目標的人，心裡會感到很踏實、生活得很充實，並且注意力會神奇地集中起來，不再被許多繁雜的事情所干擾；無論做什麼事情，都顯得胸有成竹。相反的，那些沒有明確目標的人，總是感到內心空虛、心亂如麻，分不清主次輕重，遇事猶豫不決，不知道自己該做什麼，不該做什麼。

　　只有確立了前進的目標，一個人才能盡全力發揮自己的潛力。只有在實現目標的過程中，我們才能夠檢驗出自己的創造力，喚醒沉睡在心中的那些優異、獨特的特質，進而鍛鍊自我、成就自我。

　　一個美國的成功研究機構，曾長期追蹤了 100 位年輕人，直到他們年滿 65 歲。結果顯示：只有一個人富有，另

外 5 人經濟穩健，而剩下的 94 人情況並不理想，可說是失敗者。這 94 人晚年陷入困境，主要原因並非是他們年輕時努力不夠，而是因為缺乏明確的目標。

為了證明設立目標很重要，讓我們想像一場籃球冠軍爭奪戰的情景：

兩支球隊經過賽前的熱身後，做好了投入比賽的準備。然後他們回到更衣室，教練為他們提供了最後的指示，他告訴球員們：「各位！這是最後一戰，成敗就在這一刻，我們不是留下歷史紀錄，就是默默無聞，結果取決於今晚！沒有人會記得第二名！整個賽季的勝負都在今晚！」

球員們士氣高昂，猶如被充足了氣的球。當他們衝出更衣室，奔向球場時，幾乎要將門從門框上拉下。然而，當他們到達球場時，卻愣住了，一個個表情困惑，十分沮喪和憤怒，原來他們發現籃球架不見了。他們憤怒地大叫：「沒有籃球架，我們怎麼打球？」沒有了籃球架，他們無法得知比分，也無法確定自己的球是否進了籃。總之，沒有投籃的目標，他們無法進行比賽。籃球架對於籃球比賽，相當重要，對吧？那麼你呢？你是否也在打一場沒有籃球架的比賽？如果是這樣，你的得分會是多少呢？

一個沒有目標的人，就像一艘沒有舵的船，永遠漂流不定，只會到達失望、失敗和喪氣的海灘。

前美國財務顧問協會的總裁劉易斯‧沃克，曾接受一位記者採訪，談論有關穩健投資計畫的基礎。他們聊了一會兒後，記者問道：「到底是什麼因素使人無法成功？」

沃克回答：「模糊不清的目標。」記者請沃克進一步解釋。沃克說：「我在幾分鐘前就問你，你的目標是什麼？你說希望有一天可以擁有一棟山上的小屋，這就是一個模糊不清的目標。問題就在『有一天』，因為不夠明確，成功的機會也就不大。如果你真的希望在山上買一間小屋，你必須先找出那座山，我告訴你那個小屋的現值，然後考慮通貨膨脹，算出 5 年後這棟房子值多少錢；接著你必須決定，為了達到這個目標，你每個月要存多少錢。如果你真的這麼做，你可能在不久的將來就會擁有一棟山上的小屋，但如果你只是說說，夢想就可能不會實現。夢想是愉快的，但沒有配合實際行動計畫的模糊夢想，就只是妄想而已。」

聰明的人，有理想、有追求；有上進心的人，一定都有一個明確的奮鬥目標。他們懂得自己活著是為了什麼。因此，他們的所有努力都能夠圍繞著一個比較長遠的目標進行。他們清楚地知道自己應該怎樣做才是正確的、有用的，否則就是徒勞無功，甚至在浪費時間和生命。許多人懷著羨慕、嫉妒的心情，看待那些取得成功的人，總認為他們之所

以成功是因為有外力相助,於是感嘆自己的運氣不好。殊不知成功者取得成功的原因之一,就是因為他們立下了明確的目標。

有些人活著沒有任何目標,他們在世間行走,就像河中的一株小草,不是在前進,而是在隨波逐流。

二、勤勉與懶惰：
成功的關鍵

1.

自我提升的勤勉

大凡有所作為的人，無一不與「勤奮」有著難分難捨的緣分。勤奮能塑造偉人，也能創造一個最好的自己。

古今中外卓越的偉人，都有某些成功的偶然性，但他們每一個人才學廣博、努力不懈，又展現了成功的必然性。凡是能創造最好自己的人，他們的努力雖然各有不同，但他們勤而不怠卻是相同的。

有人問寺院裡的一位大師：「為什麼唸佛時要敲木魚？」

大師說：「名為敲魚，實則敲人。」

「為什麼不敲雞呀、羊呀，偏偏敲魚呢？」

大師笑著說：「魚兒是世間最勤快的動物，整日睜著眼、四處游動。這麼勤勞的魚兒尚要時時敲打，何況懶惰的人呢！」

「懶惰」是一個極具誘惑力的怪物，人生中每個人都會與這個怪物相遇。舉例來說，早上躺在床上不想起來；起床後什麼事也不想做；能拖到明天的事今天不做；能推給別人的事就不做；不懂的事不想懂；不會做的事不想做……「懶

惰」是人類最難克服的敵人，許多本來可以做到的事，都因為一次又一次的懶惰拖延，而錯過了成功的機會。

寺院裡這位大師所講的敲打，即是我們現在所說的「鞭策」。人一生要勤奮，就必須不斷地鞭策自己、克服懶惰的毛病。勤奮並非天生具備，而是後天自己培養出來的。人一旦有了抱負和信念，就會產生勤奮。

據說，清末時梨園中有「三怪」，他們都是因勤學苦練而成才。

瞎子雙闊亭，自小學戲，後來因疾失明，更加勤奮學習、苦練基本功。他在臺下走路時需要人攙扶，但上臺表演時卻寸步不亂、演技超群，最終成為功深藝湛的名老生。

跛子孟鴻壽，幼年身患軟骨病，身長腿短、頭大腳小、走路不穩。於是他暗下決心、勤學苦練，充分發揮優點、避免缺陷。後來成為丑角大師。

啞巴王益芬，先天不會說話，看父母演戲時，默記在心。雖然無人教導，但他每天天未亮就起早練功，毫不懈怠；藝術造詣日益精進後，成為戲園裡有名的武花臉，被戲團奉為導師。

「天才源於勤奮」，這三個身心障礙者從勤奮中創造了最好的自己。如果我們都有「三怪」的勤奮精神，還有什麼事情是辦不到的呢？勤能補拙是良訓，每一份辛勞都會帶來一份才華。只有勤奮才能幫助我們越過暫時的失敗和挫折，取得最終的成功。

2.

勤奮是智慧之光

　　勤奮，是點燃智慧的火把；懶惰的人只會不斷嘆息自己的處境低劣，而終究無法在事業上取得成就，永遠只能是一隻無法飛翔的笨拙鳥。

　　成功需要勤奮，成功依靠勤奮，勤奮可以說是一種無形的財富和力量。人生的幸福，往往建立於實現渴望的目標之上；如果目標無法實現，那麼人生的幸福也就難以談及，除了遺憾和失望，別無他物。通向成功的路途，充滿曲折和坎坷，這是無法避免。無論多麼聰明的人，想要獲得一條捷徑，都需要「勤」字貫穿其中。所謂「書山有路勤為徑，學海無涯苦作舟」，主要是指閱讀與成功之間的關聯。實際上，人生中任何形式的成功和幸福，大多始之於勤而且成之於勤。

　　勤，即勞也。不論是勞心或勞力，全力以赴、勤勉不懈，都可稱為勤。在各行各業中，只要勤奮不懈，必定會有所成就。即使是出家的和尚，離開塵世，徜徉於山水之間，

超然於世俗之外，他們也自有一番精進的功夫要做，除了閱讀經典和禮拜之外，還要勤於行善，不放逸自己。以下舉兩個例子：

唐朝開元時期的百丈懷海禪師，親近馬祖時獲得心印的傳承，並以精勤不懈著稱。他制定了「百丈清規」，並身體力行，奉行「一日不作，一日不食」的原則。他在修行的同時也勞動農作，甚至在農耕時親自指導，作為榜樣。即使到了晚年，他仍然如常。有一次，弟子們看不下去，偷偷把他的農具藏了起來。禪師找不到工具，他也就在那一天沒有工作，最終也就真的沒有吃東西。他的刻苦精神感動了不少人。

另一個例子是清初以山水畫聞名的石溪和尚。他在自題《溪山無盡圖》中寫道：「大凡天地生人，宜精勤自持，不可懶惰。若當得個懶字，便是懶漢，終無用處。……殘衲住牛首山房，朝夕焚誦，稍餘一刻，必登山選勝，一有所得，隨筆作山水數幅或字一段，總之不放閒過。所謂靜生動，動必做出一番事業。端教一個人立於天地間無愧。若忽忽不知，懶而不覺，何異草木？」

人而不勤，無異草木，這句話極為深刻。過著飽食終日無所用心的生活，在英文中稱為「Vegetate」，意指過著與植物無異的生活，這個概念在中外文化中不謀而合。勤奮常與

「苦」字連繫在一起。甘於吃苦，勤奮努力，儘管有時尚未獲得成功的回報，但這樣的努力已經磨練了我們的意志，培養了自己的堅韌，這本身也是一種收穫。勤奮努力可以被視為一種無形的財富和力量。培養了勤奮習慣的人，即使年事已高，也因為這種習慣的存在，依然保持著勤奮甚至更加努力；雖然他可能不覺得自己是勤勉努力，可是其行動會自然表現出勤勉努力的特質。

在當今的情勢下，有形財產的可靠性變得不穩定。相對地，真正可靠的是那些永遠依賴於自身的無形財產，如學識、藝術和技術等，這些是終身不會被剝奪的財富。而這些人生資產，必須透過勤奮努力才能獲得。因此，勤奮努力的習慣，實際上是終身的財富，所以我們需要更深入地對真正財富的價值，進行評估和分析。擁有勤奮，並善用勤奮，將使你的人生亮麗多彩。一個人若能畢生堅持勤奮，就是一種了不起的成功，它使一個人精神上散發出非凡的光輝，絕非胸前的一排獎章所能相提並論。

一個普通的靈魂，在勤奮之火的熊熊燃燒中，同樣會散發出耀眼的光芒和巨大的熱能。

3.

天道終酬勤，自有回報

俗話說：「笨鳥先飛，勤能補拙。」如果你並非十分聰明，那就勤奮些吧。「天道酬勤」、「一份汗水，一份收穫」，付出辛勤的勞動，就會有甜美的收穫。

一個人的能力，尤其是專業知識、工作規劃以及解決問題的能力，都不是短時間內可以培養起來的。但只要「勤」，就能有效地提高自己的能力！

所謂「勤」，就是要勤於學習，在自己的工作崗位上不斷精進，絕不放棄任何學習機會，並且積極向有經驗的人請教。當他人休息時，你在學習；當他人遊歷時，你在學習。他人一天只有八小時的工作時間，而你卻有十六小時，相當於一天當兩天用。這種密集、持續的學習將帶來顯著的效果。若你的能力已超越基準，再加上這樣的「勤奮」，你很快就能在團隊中嶄露頭角，吸引眾人注目！

當你踏入複雜的社會後，首先要辨別自己是「巧」還是「拙」。也許你感覺到自己在浩瀚的大海中是多麼渺小，你原

先所學的知識似乎只是滄海一粟。當然，剛踏入社會的人很少會承認自己「拙」，大多數人認為自己雖然不是天才，但至少是有用之才！然而在現實生活中，真正能一飛沖天的年輕人寥寥無幾，有些人甚至不僅無法躍升，還會跌得頭破血流。為何如此？因為知識不足，能力不足！

其實，對於這兩種不足，都可運用一個辦法加以補救——勤。

對於真正能力不足的人來說，他的資質不如他人，學習能力也比別人差，這樣的人要和他人一較高下是很辛苦的。因此，應該在平時多多自我反省，認清自己的能力，不要自我膨脹，避免迷失自我，否則這樣的人一生最悲哀的事便是不斷地失敗！

如果一個人真正意識到自己能力不足，那麼為了生存，也只有透過「勤」才能補救。如果每天空想、不切實際，不但難以脫穎而出，甚至連保住飯碗都困難重重！對於真正能力不足的人來說，「勤」意味著比他人多花好幾倍的時間和精力來學習，不怕苦、不怕困難，唯有如此，才能確保生計！

其實「勤」並非僅僅是為了補「拙」，即使是聰明有智慧的人也不能脫離「勤」字。在一個團體中，一個始終堅持「勤」的人，會為自己帶來許多好處。

首先，建立了一種敬業的形象。當其他人只是敷衍了事，而你卻一直努力工作時，你的敬業精神將成為他人關注的焦點，大家會敬佩你的精神。

其次，易於獲得他人的諒解。當工作出錯時，有些上司喜歡找個代罪羔羊。然而，如果你是一個勤奮的工作者，他們不太可能將責任歸咎於你，因為人們一般不會找一個勤於工作的人來替罪；如果你確實做錯了事，別人也容易原諒你。

此外，勤奮也容易獲得命運青睞。以下是香港鑽石大王鄭裕彤的故事：

1925 年 8 月，鄭裕彤出生在廣東的一個農村家庭。當他呱呱墜地時，父親看見一輪紅日正從東方升起，朝霞滿天。略懂文字的父親便給兒子取名為「裕彤」，寓意兒子能如朝陽東昇，富貴繁榮。父親的願望沒有落空，鄭裕彤後來在香港以珠寶起家，成為著名的珠寶大王、房地產大王，成為億萬富翁。鄭氏本人對於自己的財產數額並不清楚，曾有報刊將他列為香港第六大富翁，但輿論普遍認為這一排名偏低。

在一次酒後，鄭裕彤曾吐露自己成功的祕訣：守信用、重諾言、做事勤懇、處事謹慎、飲水思源、不見利忘義。這看似平凡的 23 字，實際上是他一生奮鬥經驗的結晶，值得人們深思。

一個人的成功，離不開一定的機遇；因此有些人抱怨命運不公，不願惠顧自己。但命運並非樂善好施的大財主，也不是廣濟眾生的菩薩，它只青睞那些刻苦努力、努力不懈地尋找機會的人，這就是鄭裕彤所說的「做事勤懇」。

鄭裕彤自小家境貧寒，少年時在澳門度過。15歲輟學到香港打工，進了「周大福珠寶行」的一家金店當學徒。他深記母親的教誨：幹活勤快、守規矩、多動手、少動口。他愛說愛笑，工作勤奮且機靈。當學徒期間，他領悟了一條終生信條：做生意不能得罪人。凡是與自己做生意的人都是顧客，而顧客不分大小，即使只賺一塊錢也不能怠慢。他認為大生意是從小生意開始，黃河不拒細流而成其大，鄭裕彤做事能從小處著手，也正是他所說的「處事謹慎」。

周老闆看到鄭裕彤小小年紀卻勤奮聰明，認定他長大後肯定會有一番作為，便有意栽培他；等他成年之後，周老闆還將自己的女兒周翠英嫁給他。於是，鄭裕彤由打工的徒弟一下子變成了東床快婿。幾年後，周老闆讓他全權管理「周大福珠寶行」的全部帳務，並負責金融交易和珠寶生意。這時，他已成為珠寶行的管理者和經營者，準備在商海中大展宏圖。

人們說鄭裕彤有運氣、有福氣，但有多少人知道他那些年是如何拼命幹活的？金店裡的夥計眾多，為什麼機運只降臨在他頭上？

1960 年，「周大福珠寶行」在他的經營下迅速發展，實際上已完全掌握在他手中。根據業務需要，他將珠寶行轉為「周大福珠寶有限公司」，雖然實際上由他掌管，但仍以周氏牌子行事，以感激岳父恩德。隨後，鄭裕彤的幾個兄弟也加入，共同合作，珠寶業務迅速發展。

如今，周大福珠寶有限公司，已成為香港最大的珠寶公司，每年進口的鑽石占全香港的 30％；南非、比利時、美國、英國等地，都有該公司充足的鑽石貨源。鄭裕彤還在南非用巨資買下了一家鑽石加工廠。炫目的光芒，映照著這位香港鑽石大王的身影。

英雄莫問出身。不管你從小有多笨拙、家境多清寒、生活多艱苦，只要勤奮努力、肯下苦功，天道終酬勤，好運自然來。

4.

懶惰是對生命的揮霍

有些人能夠迅速戰勝懶惰、積極迎接挑戰，而有些人則陷入懶惰的泥淖中，束手無策，無法下定決心……生命就這樣被一分一秒地浪費了。

懶惰在我們的生活中經常出現，如果你某天記錄一整天的時間，你會驚訝地發現，懶惰占去了我們大量的時間。在很多情況下，懶惰是因為人的惰性作祟。每當我們需要付出努力或做出選擇時，總會找出各種藉口和安慰，試圖讓自己感覺輕鬆些、舒服些。

許多人都經歷過這樣的情況：清晨，鬧鐘把你從夢中驚醒，想起自己的計畫，同時感受到被窩的溫暖，於是不斷地告訴自己應該起床了，但同時又不斷給自己找藉口 —— 再多等一會兒，於是又躺了 5 分鐘、10 分鐘……

其實，懶惰就是給了惰性機會，如果變成習慣，它會逐漸消磨人的意志，使你對自己失去信心，懷疑自己的毅力和目標，甚至會使你的性格變得猶豫不決，形成一種拖延的工

作風格。有時懶惰是因為考慮過多所致。例如，有一個計畫已經通過會議，但經理還在考慮員工或上級主管的反對意見，結果一拖再拖……這樣的事情每天都在我們身邊發生。

適度的謹慎是必要的，但過度謹慎就會變成優柔寡斷，特別是對於一些像早上起床這樣的事情，根本不需要作出任何考慮；因此，我們必須盡一切辦法不要拖延。最好的辦法是採取逼迫法，也就是當我們意識到自己需要做某事時，立即採取行動，絕不給自己任何思考的空間，切勿讓懶惰找到機會。對付懶惰最有效的方法就是不給它任何機會。當積極的想法出現時，立即行動，這樣懶惰就無法趁虛而入。

要在人生中取得成功，必須一步步打好基礎。先確定實際可行的目標，成功實現後再挑戰難度更高的目標，勇敢地去實現！人是不能完全獨立的。無論做什麼事情，成功與否取決於我們在行動之前對自己設定的期望和目標。你必須清楚地知道：你將如何衡量自己，以及別人將以何種標準來評價你。

愛默生教授曾說過：「緊追著四輪車奔向星球的人，比在泥濘的小路上追蹤蝸牛的人更容易實現他的目標！」雖然結果往往不是完美的，但我們的目標是竭盡所能做到最好，從中學習、吸取教訓，以此不斷提升自己，堅定不移地朝著確定的目標前進。

　　有兩位同學，他們來自同一個大學、共住一個宿舍，彼此感情深厚。他們約定，一定要攜手走向博士研究生的殿堂。

　　大學畢業後，他們分別進入了兩個待遇優渥的單位工作。其中一人堅持繼續深造，準備博士考試；而另一人則認為應該先工作幾年，等待積蓄之後再考慮。

　　過了幾年，其中一位同學考取了碩士學位，而另一位則成為了科長。兩人相遇時，回憶起當年的理想，讀書的同學勸導科長繼續深造，但後者卻表示，等到成為處長再說吧！

　　再過了幾年，讀書的同學完成了博士學位，前往美國深造。幾年後，他學成歸來，在一所知名大學擔任博士生導師，成為學術界的權威。然而，當年的官員同學卻因涉嫌職務犯罪而受到檢察署的調查。

　　讀書的同學感到非常痛心，惋惜當初沒有堅持要他一起深造。他認為，官員同學很聰明，如果當年兩人一起繼續讀書，今天成為學術領袖的一定是官員同學，而不是自己。

　　人一旦決定追求目標，就應該堅持不懈地勤奮努力，不應因懶惰而輕易改變方向。俗話說：「有志者立長志，無志者常立志。」

　　美國歷史上著名總統林肯，從小在偏遠的鄉村長大，生活在一所簡陋的小木屋中，沒有窗戶，遠離學校、教堂和鐵

路，連報紙和圖書都難以得到，生活必需品都很匱乏，更談不上生活中的種種享受了。儘管如此，林肯每天步行幾個小時去「鄰近」的簡陋學校念書，在荒野中跋涉幾十里才能借到一些想看的書籍，接著不顧一天的辛苦勞累，藉著木柴的火光閱讀。他從不消極地等待機會，而是在這種嚴苛的環境中培養出強大的毅力，最終成為美國偉大的總統。

　　懶惰是對生命的一種浪費，上天總是把成功和機遇送給堅持不懈的人，我們一定要吸取龜兔賽跑的教訓。

5.

遠離懶惰

世間的貧窮大部分是由於懶惰、不肯勤奮造成的。如果一個人不願意勤奮，那麼就永遠無法擺脫困境，連上帝也無法幫助他。如果你渴望成功，就要成為一個遠離懶惰的勤奮人。

據說，在很久以前有一種鳥，叫寒號鳥，牠比孔雀還要美麗，叫聲比黃鶯更動聽。然而，牠有一個最大的缺點，就是懶惰，整天躲在樹林裡睡覺。

秋天來臨時，有些鳥兒飛往南方避寒，剩下的鳥兒都忙著築巢以準備抵禦寒冬，唯有寒號鳥依然懶洋洋地每天睡覺。有鳥兒勸牠：「快點築巢吧，否則冬天會凍死你的。」寒號鳥卻不以為然地說：「著什麼急呢？過兩天再築也不遲，看天氣多好，陽光多燦爛，正適合睡大覺。」日子就這樣一天天過去，寒號鳥仍然沒有築巢。

冬天到了，樹葉凋零、北風凜冽，其他鳥兒都躲進自己溫暖的巢中，唯有寒號鳥縮在樹枝間，冷得直打哆嗦，不停

地哀嚎：「哆嗦嗦，哆嗦嗦，寒風凍死我，明天就做窩。」

第二天，風停了，陽光又灑滿大地，然而寒號鳥卻再次開始睡大覺。其他的鳥兒再次勸告牠築巢，但牠卻說：「不著急，我昨天沒睡好，今天正適合多睡一會兒。」

當夜幕降臨，北風再度呼嘯而來，大雪飄搖而下，寒號鳥被凍得慘叫不止。黎明時，其他鳥兒找到了牠，牠已經凍死在枝頭上。

寒號鳥的故事在中國流傳已久，它說明了懶惰的危害性。懶惰是一種與生俱來的習性，它是一種病態、消極的思想所造成的惡果。然而，身為一個有志於成功的人，一定能夠戰勝自身的惰性，改變懶散的環境，朝著希望的方向努力，必定會取得成功。

我們可以還從一位美國婦女身上，看見改變自身的懶惰，就能進而改變人生。這位婦人名叫雅克妮，是個極為懶惰的婦人。後來，她的丈夫意外去世，家庭的全部負擔都落在她一個人身上，不僅要支付房租，還要照顧兩個子女。在這樣貧困的環境下，她被迫每天送子女上學，然後利用下午時間幫別人料理家務；晚上，子女寫功課時，她還要忙一些雜務。日復一日，她的懶惰被克服了。

後來，她發現許多現代婦女外出工作，無暇整理家務。於是她靈機一動，花了 7 美元買了清潔用品，然後去印刷傳

單，為所有需要服務的家庭整理家務。這項工作需要她付出極大的勤奮和辛勞。她把處理家務變成專業技能，後來甚至連麥當勞速食店都找她代勞。雅克妮夜以繼日地工作，最終使訂單不斷增加；如今，她已成為美國 90 間家務服務公司的老闆，分店遍布美國 27 州，員工多達 8 萬人。

雅克妮的成功案例，說明了世間的貧窮大多由懶惰和不肯奮鬥所致。當一個人在別無選擇的情況下，全心擺脫貧困生活，便會爆發出驚人的力量。如果你渴望成功，就要做一個遠離懶惰的勤奮人。勤能補拙，形成天才的決定因素是勤奮；而那些雖有天賦卻懶惰的人，永遠不會成為天才。

6.

擊敗惰性

惰性是每個人身上時隱時現的「敵人」，有很多人無法靠激勵機制調動情緒和幹勁，因此無法打敗惰性。成大事者的人生習慣是：必須讓惰性在身上「死亡」，否則你隨時都可能成為平庸者。

對於命運的主宰能力和程度來說，人在達到一定的發展層面，特別是進入享受上的層次後，就會開始出現動力上的惰性。因此，這時需要進行「啟用」，也就是刺激 —— 強烈地刺激。要透過強烈且有效的刺激，喚醒人們的動力，消除惰性。

動力的激發方式因國家而異，就美國、日本、中國現行的一些做法而言，長期以來有三種模式：獎勵機制、回報機制和嫉妒激法機制。這三種模式都能調動人的積極性，啟動人的內在動力，從而消除惰性。

1. 獎勵機制

在過去的做法中，主要有物質刺激和精神鼓勵兩種方式。精神鼓勵包括表彰、宣傳和發給各種榮譽證書，這能樹立良好的社會形象，這點非常重要，因為形象就是力量。現在，許多地方都採用這種方法。另外，物質方面的獎勵也很常見，較著名的，例如：諾貝爾獎金。

這兩種方式在現實中常常結合使用；但是這種獎勵有極限，即使獎勵再大，終究還是有上限，而人的野心卻是無限的。因此，對於某些人來說，這種獎勵方式不夠，還需要其他的激勵方式。

2. 回報機制

這種機制是讓你「天天得，天天賺」，支付一點就賺一點，永無止境。這種強大的回報機制，在抑制和滿足人們的野心，回報與奉獻都有限制。你付出多少，就得到多少，甚至形成一種讓人感覺「富可敵國」的回報架勢（至少在形式上是如此）。這種機制中，只要你不斷地努力和創造，國家和市場經濟機制都會保證你得到合法化的收入。從衣、食、住、行、娛、醫、業、安等八大方面，都會得到全面的支持。當然，在這八大方面的回報也有一個極限，即必須在法律規定的範圍內。

3. 嫉妒啟用機制

這是一種以輿論為導向的機制。世界上各種人都有，特別是那些天生就是溫飽即可、小富即安，有一點就行，不願努力做事、成就一番事業的人。對於這些人，你需要激發他們「努力和獲得的欲望」，讓他們知道只要願意努力，一切都會變得更美好 —— 讓他們看到榜樣的力量。榜樣是追求的目標，讓我們明白人生的意義所在。

成大事者的人生習慣，就是必須消滅自身的惰性，否則在任何時候都只會是個平庸者。

時光最珍貴

　　美好理想的實現絕非等待來臨，關鍵在於積極行動。若無實戰磨練，再優秀的戰略也難以勝利；擁有美好理想而不付諸實踐，則永遠只是一場幻想。我們應該珍惜時間，從今天開始、從現在著手。請記住！只有珍惜時間的人才能掌握主動權，而浪費時間者則注定被動，最終只能懷悔虛度光陰。

　　有這樣一首民謠：

　　太陽下山，明朝依舊爬上來。
　　花兒謝了，明年還是照樣地開。
　　美麗小鳥飛去無蹤影。
　　我的青春小鳥一樣不回來……

　　當然，這首歌是成年人唱的，孩子們無法理解其中含意，他們只想快快長大，像小鳥一樣自由飛翔，從未考慮到

美好的青春一去不復返。

　　時間，其實比金錢還要珍貴。有些人善於節省金錢，像是「一分錢要掰成兩半用」。但若能將一分鐘當作兩分鐘來使用，那生命不就倍增了？善用時間者，方能創造更多財富，對社會作出更大貢獻。許多偉人便是靠珍惜時間取得成就。像是大發明家愛迪生，平均每三天就有一項發明，這正是他奮不顧身、努力不懈的成果。偉大的思想家和文學家魯迅也非常重視時間，他有一句至理名言：「時間就是生命，無端地空耗別人的時間，其實無異於謀財害命。」魯迅視時間如命，將他人閒聊的時光都用於工作和學習上。正是憑藉著這份惜時如命的精神，魯迅在他的 56 年人生中，涉獵了許多自然和社會科學領域，一生著述逾千萬字，留給後人珍貴的文化資產。

　　也許有些人認為人生漫長，浪費一點時間沒什麼大不了，但這種想法是錯誤的。我們要明白，即使短短的一分鐘也是寶貴的。

　　根據統計，在一分鐘之內，小學生可以寫 20 個生字、朗讀 200 多字的短文、心算 20 道題目；打字員用電腦可打字 80 多個字；運動員能跑 250 公尺；消防員可以迅速集合，跳上消防車；核潛艇可以在水下航行 600 公尺，火箭可航行 450 多公里，噴射客機能飛行 18 公里……

　　光陰似箭，歲月如梭，我們的生命是有限的，如果我們珍惜每一天，合理地安排時間，讓分分秒秒都有價值地度過，就等於延長了生命。切記，時間不會等著你，在不知不覺中，它就會從你的身邊匆匆流過，所以我們一定要抓緊時間，充分利用好每一分鐘。

　　那麼，我們該何時行動呢？是明天嗎？

　　許多人常說：「我計劃好了，從明天開始，從下星期開始我一定⋯⋯」這樣的話已成為許多人的生活方式，殊不知：「明日復明日，明日何其多！我生待明日，萬事成蹉跎。」昨天已成歷史，明天尚未到來，仍屬幻想；只有今天的現在掌握在你手中。時間的特點是：既不能逆轉，也不能儲存，是一種不能再生的特殊資源。只有現在，才能做自己想做的一切。人生的機會並不多，因此：有機堪搏直須搏，莫待無機空徘徊。

　　時間屬於那些不斷追求進步的人，而那些徘徊在知識寶庫門外的「散兵遊勇」，只會白白消耗自己的寶貴生命。

8.

把握當下

在歲月的長河中，昨天已經成為永恆的歷史，凝固在那裡，永遠無法回到現實；而明天則仍是未知的未來，對於眼下我們所需進行的學習和工作毫無實際意義。我們能夠抓住並充分利用的，只有今天。

開發時間資源的關鍵是開發「今天」，使「今天」發揮最大的效益。真正屬於我們自己的時間、能夠把握的時間，只有「今天」。失去了「今天」，也就失去了「明天」和「未來」。一個人的成就大小，除了才華和客觀條件的因素外，能否抓住「今天」而有所作為，是至關重要的。

那麼，我們如何才能抓住今天呢？要想抓住「今天」，就不能等待「明天」，因為總是等待「明天」，「明天」可能會把你送進墳墓。

那些習慣將事情拖延到「明天」的人，在同樣的情況下，總是遠遠落後於那些今天就開始行動的人。因為「今天」尚未結束，卻要等待「明天」，這樣便白白浪費了「今

天」的寶貴時間。時間一久，差距就會拉大，甚至有可能永遠無法趕上那些早已開始行動的人。

我們總是在不同程度和性質的困難中度過，但我們不能等待理想的條件出現，因為錯過了現在，就意味著錯過未來。唯有牢牢地把握住今天，即時行動，才能獲得明天的成功和豐收。哲學家盧梭曾說：「你確切能掌控的只有今天，今日一天，當作兩天的用度。」

我們若要成才、成就事業，其中一個訣竅就是堅定地「抓住今天」。我們要不斷奮鬥，從「今天」開始，從「現在」開始；不要退縮，不要止步，要全力以赴。

除了那些無法一天完成的大事情外，一般的小事情，都應該在當天完成，不要拖延到第二天。我們寧可完整地完成兩件事，而不要做八件半吊子的事。這樣做的好處是：能夠集中精力完成每件事。完成的事情越多，成就感就越強，鬥志越旺；同時也鍛鍊了辦事能力，給人留下良好印象。

一位法國青年畫家，找到法國現實主義風景畫大師柯羅尋求技術指導。柯羅指出他作品中的一些不足之處。這位青年畫家十分感動，馬上表示：「謝謝您，我明天就會全部修改。」柯羅問他：「為什麼要等到明天？你想等到明天才修改嗎？要是你今天突然死了呢？」

今天雖然他不一定就會死去，但明天突如其來的新鮮
事、意外的變化、應該做的工作，也許會把我們預計要辦的
事情打亂。而那些原本可以完成的事情，將可能永遠無法完
成，成為終生遺憾。

屠格涅夫曾說得十分深刻：「『明天，明天，還有明
天』，人們都在這樣安慰自己，殊不知這個『明天』，就足以
把他們送進墳墓了。」日本曾流行「一日生涯」工作觀，或
稱「勵志觀」，即把「每天」當作自己生命的「最後一天」
來度過。

每個人遲早會被醫生告知：「準備後事吧，時間不多
了。」我們與其等待醫生告知生命接近終點，不如每天提醒
自己：「這可能是生命的最後一天。」或是：「這是身體健康
狀況允許我們為事業奮鬥的最後一天。」這樣的自我提醒，
是抓住「今天」有效工作的最佳方式。

如果我們能將「每一天」都當成「生命的最後一天」來
對待，我們的精神狀態、工作方法和辦事效率都會有所改
變。這樣我們就會為實現當下的宏偉目標而努力奮鬥，不再
因為細節而分心或浪費時間。我們將以極其友善的態度對待
周圍的人，不再計較過去的恩怨，也不再為個人名譽和利益
而計較，而是以豁達的心態處理一切事務。

　　只有這樣，我們才能真正擺脫精神枷鎖、一身輕鬆，無
所顧忌地為理想而奮鬥。這時的工作效率之高、事業之大、
事業開拓之快，常人難以企及。

　　抓住今天並為之奮鬥，是成就人生的里程碑，是走向成
功和輝煌的最重要起點。

9.

今日事今日畢

　　今天可以做的事，就不要等到明天再做；現在可以做的事，就不要「等一下」才去做。原本要等到明天才能完成的事情，今天就應該盡快去完成，這樣你的未來一定更加光明。

　　人生是由許多現在的片刻所組成，每一天都是向上天借來的。我們無法確切預知自己何時離開這個世界；真實地活在當下，是最好的感恩方式。很多事情都可以在今天完成，別讓今天成為明天的負擔。我們的明天，不能永遠為了沒有責任感、缺乏行動力的今天來收拾爛攤子。

　　我們究竟有多少個明天呢？答案是：只要我們活著，我們就永遠有明天。房間很亂，可以明天再整理吧；可是到了明天呢？又會決定再等到明天的明天去收拾……結果，房間依然一樣亂，而明天卻永遠在遠處。

　　時間管理學研究者發現，正是因為「等一下」的習慣，使許多寶貴的時間無聲無息地溜走，「等一下」就像是時間的竊賊。這些「時間竊賊」偷走時間的方法主要有以下幾個方面：

1. 找東西

據對美國 200 家大公司職員進行的調查顯示，公司職員每年都要花費 6 週的時間來尋找亂放的東西。這表示，他們每年都要損失 10% 的時間。對付這個「時間竊賊」，有一條最好的原則：不用的東西扔掉，不扔掉的東西分門別類保管好。

2. 懶惰

對付這個「時間竊賊」的辦法是：

1. 使用日程安排簿；
2. 在住家之外的地方工作；
3. 及早開始。

3. 時斷時續

研究發現，造成公司職員浪費時間最多的，是工作時斷時續。因為重新工作時，這位職員需要花時間調整大腦活動及注意力之後，才能在停頓的地方接著做下去。

4. 惋惜不已或白日做夢

老是想著過去犯過的錯誤和失去的機會，唏噓不已或者空想未來，這兩種心境都是極浪費時間的。

5. 拖拖拉拉

這種人花許多時間思考要做的事，擔心這個、擔心那個，找藉口推遲行動，又為沒有完成任務而悔恨。在這段時間裡，其實他們本來能完成任務而且應該要進入下一個工作了。

6. 對問題缺乏理解就匆忙行動

這種人與拖延作風正好相反，他們在未獲得對一個問題的充分資訊之前，就匆忙行動，以至於往往需要反覆重做。這種人必須培養自己的自制力。

7. 分不清輕重緩急

即使避免了上述問題，如果不懂得分清輕重緩急，也達不到應有的效率。區分輕重緩急是時間管理中的關鍵。許多人在處理日常事務時，完全不考慮完成某個任務後，他們會得到什麼好處。這些人以為每個任務都一樣，只要時間被工作填得滿滿的，他們就會很高興；或者，他們願意做表面看來有趣的事情，而不理會不那麼有趣的事情。他們完全不知道怎樣把人生的任務和責任按重要性排列。

在確定每一天具體做什麼之前，要問自己三個問題：

1. 我需要做什麼？明確知道哪些事非做不可且必須自己親自去做。

2. 什麼能給我最高回報？人們應該把時間和精力，集中在能給自己最高回報的事情上。

3. 什麼能給我最大的滿足感？在能給自己帶來最高回報的事情中，優先安排能給自己帶來滿足感和快樂的事。

隨時提醒自己，警惕那些「偷竊時間」的行為，切記珍惜時間就是珍惜生命。時間是生命的本錢，若被浪費，等同於將自己的生命送出。時間如流水匆匆而過，若想要賦予生活更深的意義，就務必珍視短暫的時間。

每個人都擁有同樣的時間，但那些懂得珍惜當下的人，將會獲得無限的寶藏；反之，那些浪費當下時間、依賴明天的人，將會一事無成。

10.

持續前進

人生中，環境隨時變化。處於順境時，我們應該提高警覺，否則一旦從順境轉入逆境，可能會迅速陷入困境。時間的流逝並不在乎順境或逆境。順境是一種趨勢，抓住它便能事半功倍；然而，若因此而得意忘形，就可能一落千丈、滑入深淵。

許多人在一無所成之時，努力奮鬥，如同老黃牛般埋頭苦幹；但當稍有成就時，卻常易沾沾自喜、得意忘形。這種滿足於表面成就的心態，只會使自己倒退，甚至陷入更深的困境。龜兔賽跑的寓言教導我們：切勿停滯不前，特別是在順利時刻。

過去，我們往往只專注於逆境對於前進的阻礙，一味追求順境，但卻忽略了順境對人的潛在危害，可能比逆境更為嚴重。在面對逆境時，困難和痛苦對人的壓力是直接明顯的，能夠激發人們更加努力奮鬥；然而，當處於順境時，容易陷入滿足享樂的思維中，這會腐蝕人的心智，導致怠惰。

因此，當一個人取得一些成就時，更需要警惕和努力，不斷鍛鍊自己，培養耐心和毅力，並保持勤奮。

有些人常覺得一帆風順，毫無挑戰，這時唯一的應對辦法，就是經常向自己施加壓力，不要讓自己過於舒適，也不要停滯不前。

加州大學洛杉磯分校的人體運動學教授摩爾豪斯博士，曾做過一個有趣的實驗。他讓 20 名學生先坐在舒適的沙發椅上讀書，然後再改坐在不舒服的硬椅子上。結果非常有趣，那些坐在硬椅子上的學生因為不舒服而不斷調整坐姿，雖然看起來比較不安穩，但學習成績卻遠遠優於坐在沙發上的學生。摩爾豪斯解釋，一個原本在沙發上得到 B 等成績的學生，在硬椅子上往往能達到 A 等，因為後者能夠提供更多氧和醣供應給大腦。而坐在舒適沙發上的學生，只要幾分鐘不動，血液循環就會減慢，大腦得到的氧氣和營養也會減少，讀書效果也就相對差一些。

讀書如此，生活亦然。因為成功和舒適，我們可能忽略了奮鬥和努力，這也是心靈最脆弱的時刻。然而，每次成功都只是暫時的，下一刻可能就會迎來失敗。在人生的旅程中，我們不能僅滿足於眼前的小成就。取得大成就需要一連串的奮鬥，需要克服一個又一個困難。因此，在平時多做一些艱難的事情，透過鍛鍊毅力，來克服未來可能出現的困

難。如此一來，將來的不順利就會在每日的努力中化解了。

哈佛大學法學院的院長龐德，即使已年屆九十，仍每天堅持工作八小時。他的祕書說：「儘管他已衰弱，但每天都堅持從家裡步行兩個街區到辦公室，這段路要走 1 小時，他卻堅持要走，因為這使他自己覺得有成就感。」

人類的大腦在強制使用下，常能產生出優秀的成果。它能創造出貝多芬的奏鳴曲、哈姆雷特的話劇、火箭、電視機、金字塔……只要你不停止思考，你就能不斷前進。

一位新聞系學生問一位專欄作家亞當斯：「您簽訂了合約，每週要寫五篇專欄文章，您是如何確保每週都有五個新的想法呢？」

亞當斯回答：「如果容易到有把握的程度，這份工作就沒有興趣了。正因為我每天早晨要苦心去思考，才能使我認為我沒有停留在原地。」

學生追問：「如果沒有想法呢？」

亞當斯說：「我會坐下來，強迫自己開始寫作。」

不停止思考、不停滯不前，這不僅對亞當斯有效，對每個人也同樣有效。切記，在任何時候、任何情況下，都不能被惰性所束縛，要以勤奮為階梯，向著目標邁進。時間是最公平公正的，它不會多給任何人一分鐘。勤勞者能使時間留下成果，而懶惰者只會被時間留下一聲嘆息和空虛。

11.

改掉拖延症

　　每個人在一生中都有各種各樣的夢想、理想和計畫。如果你能夠迅速地將這些夢想、理想和計畫付諸實行，那麼我們的成就可能會非常偉大。

　　很多人在擁有好的計畫後，卻不迅速行動、拖延不去做。這樣一來，最初充滿熱情的計畫就會逐漸冷卻，我們的優勢也會慢慢消失，計畫最終也會瓦解；因此，我們應該盡量避免拖延的壞習慣。當受到拖延誘惑時，我們應該振作精神、勤奮工作，不要選擇最容易的，而是去做最困難的，並堅持下去。這樣，我們就能克服拖延的壞習慣。拖延往往是最可怕的敵人，它是時間的竊賊，會損害我們的品格、浪費我們的機會、剝奪我們的自由，使我們成為它的奴隸。

　　希臘神話告訴我們，智慧女神雅典娜，是在某一天突然從宙斯的頭腦中一躍而出的；當她躍出時，她身穿整齊的衣冠，沒有一絲凌亂。同樣地，某些高尚的理念、有效的思想、宏偉的想像，也會在某一瞬間從一個人頭腦中湧現，這

些想法剛出現時是完整的。然而,有著拖延習慣的人卻遲遲不行動、不去實現這些想法,而是等待將來再行動,這樣的人往往是懶惰又缺乏意志力的弱者;而那些有能力並且意志堅定、勤奮的人,往往在熱情最高的時刻就立即去實現他們的理想。

我們每一天都有自己的理想和抉擇,昨天已經過去,今天有今日的任務,明天也有屬於明日的計畫。今天的理想和抉擇,就要在今天去實現,絕不能因懶惰而拖延到明日。因為明天還會有新的理想和新的抉擇。

拖延的習慣常常會阻礙人們的行動,因為它會破壞人的創造力。實際上,過度謹慎和缺乏自信都是行動的大敵。在熱情高漲的時候去做一件事情,和在熱情消退後再去做,兩者之間的困難度和快樂度是大不相同的。趁著熱情高漲的時候去做一件事情,往往是一種樂趣,也相對容易;但在熱情消退後再去做同樣的事,卻往往變得困難和痛苦,也不易成功。

放著今天的事情不做,非得留到以後去做,其實在這個拖延中所耗去的時間和精力,就足以把今日的工作做好。所以,把今日的事情拖延到明日去做,實際上是很不划算的。有些事情在當初來做會感到快樂有趣,如果拖延了幾個星期再去做,便會感到痛苦艱辛。寫信就是一例,一收到來信就

回覆，是最容易的，但如果一再拖延，那封信就不容易回覆
了。因此，許多大公司都規定，一切商業信函必須於當天回
覆，不能讓這些信函擱置到第二天。

　　命運常常是奇特的，好的機會往往稍縱即逝，猶如曇花
一現。如果當時不善加利用，錯過之後就後悔莫及。拖延已
決斷完畢的事情，往往會對我們產生不良影響；唯有按照既
定計畫去執行的人，才能增進自己的品格，使人景仰。其
實，人人都能下決心做大事，但只有少數人能夠一以貫之地
去執行決心，也只有這少數人是最後的成功者。

　　「立即行動」是成功者的格言，只有「立即行動」才能
將人們從拖延的惡習中拯救出來。

三、誠實與信任：
品格的象徵

1.

誠信之美

　　正直誠信本身並不足以塑造一位偉人，但它是偉大人物品格中最重要的元素，也是一個人安身立命之道。如果失去它，你將難以立足，你的事業支柱也會有傾覆的危險。誠信是正直的表現，是做人的美德。正直和誠信如同手足，密不可分。

　　在這個變化多端的社會中，很難對一個人的真實本質做出正確的判斷。在與人交往的過程中，許多人都會審慎地選擇應對他人的方式。一旦在社會上失去信譽，許多人便不願與之交往。因為一個人如果失信於人，會讓人覺得不負責任，與這樣的人交往自然讓人心存疑慮、無法放心。

　　楊先生是一位基層出身的科班官員，擁有豐富的行政經驗和熱情善良的心，同時也具備一定的文人氣質。他的施政演說充滿激情，人們都熱切期盼著一位真正為民辦實事的父母官。他確實是一位身具正氣的好人，但由於政界錯綜複雜的關係，他身為新上任的官員尚未站穩腳步，因此他的承諾

無法得以實施。當老百姓找他處理事務時，他心存同情，簽署了文件，讓相關部門進行處理。然而，由於他簽署的文件過多，而且缺乏果斷力，這些承諾很難落實。老百姓開始戲稱他為「簽字縣長」。自此，這位「簽字縣長」再次對他人作出承諾時，人們也不再相信他了。

在社會上失去誠信之後，他人不敢輕易相信你，進而也不敢輕易與你交往，這就造成了人與人相處的尷尬，並使你的事業支柱面臨傾覆的危險。

有一個關於誠信的故事。一位商人臨終前告誡自己的兒子：

「要在生意上成功，必須記住兩點：守信和聰明。」

「那麼什麼是守信呢？」焦急的兒子問道。

「如果你與別人簽訂了一份合約，簽字之後發現會因此而傾家蕩產，仍應該履行合約。」

「那麼什麼是聰明呢？」

「不要簽訂那份合約！」

這位商人所指明的道理，不僅適用於商業領域。一旦你許下承諾，不論是什麼事情，都不能反悔，尤其是涉及他人未來和前途的承諾。如果你言而無信，最終必然導致糟糕的局面。

誠則有信，信則獲譽。誠信是人們成就事業的法寶，它猶如陽光，會給人生帶來無限光明。

2.

信用的力量

信用是人格的體現，是社會平穩運作、人與人和平共處的基石，也是人性中最寶貴的部分。它與虛偽無緣，與空談無涉。它是一項無字的合約，是你欠他人的，更是你欠自己的債務。

人與人之間的信用雖無形，卻比任何法律條文更具行為規範力和效力，宛如神話中的開門密碼，是通行人間的特別證件。

然而，隨著社會進入競爭經濟時代，許多人的信用觀念已逐漸消失。人們開始追求短暫利益，耍小聰明、耍手段；羨慕權謀詭計，做虛偽表象；追求沒有原則的行為，貪圖暫時利益……大街小巷有不少欺騙手法，鼓勵人們欣賞權謀詭計，商場上不乏陷阱和詐騙。

經商有經商的商規，遊戲有遊戲的規則，做人有做人的分寸，處世有處世的方圓。從過去到昨天，互古依然；如今，我們的信用是否可以輕易被拋棄呢？

給予信用，就是對人作出承諾，那就是不變的永恆。

3.

守信的重要

　　無論是對他人還是對自己，都不要輕率地許下承諾。輕率的承諾，即使是真實的謊言，也會深深傷及人心，傷害自己至深處，因為承諾如山，行動如石。

　　承諾是一種無聲的合約，是一種無形的契約。無論對誰，一旦許下承諾，就應該做好全方位的準備，從身心上做出實際的努力。我們每個人時刻都在許下承諾，時刻都在履行承諾，只是這些承諾有時是對他人，有時是對自己；有時我們有自覺，有時卻無意識。

　　當別人請求幫助時，首先要考慮自己是否能勝任，這是眾所周知的道理。然而，仍然有些人不自量力，輕率地答應朋友的請求，將所有事情一肩扛下。如果辦不好或只是口頭上的承諾而不付諸行動，那就是不守信用，朋友自然會感到失望和埋怨。

　　有一個小故事，說的是一位先生本來在火車站沒有熟人，硬是對別人說在火車票售罄後，依然能買到火車票，結

果有許多朋友和同事紛紛請他幫忙買票。他不得不深夜排隊
買票，最終讓自己陷入困境。這種情況下，有時他不得不花
錢買高價票，搞得自己十分狼狽。這就是輕率答應幫忙，而
沒有考慮自己實際能力的後果。如果成功買到票，別人會對
他刮目相看；但如果失敗了，別人則會覺得被忽略和輕視。
這種情況下，關係會逐漸疏遠，信譽也會受損，反而得罪了
人，實在得不償失。

　　對於擁有一定權力但影響力有限的人來說，更應該注
意，因為你的權力使得他人向你求助的可能性增加。在這種
情況下，你應該採取謹慎的態度，不要輕易答應他人的請
求。有些朋友的請求可能與政策不符，最好不要輕率答應，
而是當面向朋友解釋清楚，避免給對方留下誤解。另外，有
些朋友的請求可能難度較大，你可以坦誠地告訴對方，這件
事情難度很高，成功與否難以保證，給自己留下退路，萬一
未能完成，也能有所交代。

　　當然，對於那些輕鬆的事情，你仍然可以答應朋友幫
忙，但是一旦答應了，就要全力以赴，不能答應了就忘記，
這樣做會給人留下不好的印象。

　　我們在這裡強調不要輕率地對朋友做出承諾，並不是說
絕對不答應，而是應該三思而後行，盡量不說「沒問題，包
在我身上了」之類的話，要給自己留有餘地，因為輕率的承

諾只會束縛自己。

美國 IBM 電腦公司迅速發展，得益於公司服務人員在售後服務中展現的高度責任感、持續不懈的努力以及信守諾言的美德。

有一天，美國亞利桑那州鳳凰城有一位 IBM 用戶，急需重新建立多功能數據庫的電腦配件。公司得知後，立即派遣一位女職員送去，途中遇上了傾盆大雨，河水急速上漲，導致沿途的 14 座橋都被封閉，交通受阻，汽車無法行駛。在這樣的特殊情況下，按理說女職員完全有理由返回，但她並未被困難所擊倒，仍然勇敢前行。她巧妙地利用汽車裡存放的直排輪，滑向目的地。原本只需二十幾分鐘的車程，竟變成了四個小時的艱辛旅程。女職員到達客人所在地後，不顧旅途的疲勞，及時解決了使用者的困境。

IBM 公司正是憑藉著工作人員的認真負責和感人的行動，贏得了廣大用戶的讚譽。其電腦產品因此成為爭相購買的熱門商品，該公司的使用者迅速遍布全球。

你的信用能否給予別人良好的印象？你是否信守自己的承諾？你是否輕易地答應承諾？你是否值得他人信任？你是否常常忘記別人委託的事情？當別人向你打聽事實時，你是否多次轉告錯誤的資訊？你是否提供過不實的資料？讓你的信用代表你，讓你的名字在每一個與你有過交往的人中留下

深刻印象。你需要讓他們信任你，覺得你是一個可靠的人。

　　如果你以前未能恪守這個原則，那麼，現在就是開始的時候了！恪守信用是取信於人、取悅於人的重要保證。如果將承諾視為玩笑，其結果是可想而知的。

4.

自欺欺人的終結

世界上有許多假貨，它們曾一度迷惑了不少人，但假貨終究是假的，無法經受真實的考驗。要實現重大成就，靠欺騙可能會一時得利，但遠不如誠實更有用。

身為人，誠實是不可或缺的品德，依靠欺詐只會導致慘敗。因為誠實是做人的基本準則，而欺騙者最終將成為自己的受害者。

日本山一證券公司的創始人小池田子說過：「做生意成大事者第一要訣就是誠實，誠實像是樹木的根，如果沒有根，樹木就別想有生命了。」這句話是小池田子多年經驗的總結，他的事業就是建立在誠實之上。

小池田子二十多歲時開小池商店，同時還兼職為一家機器製造公司業務員。有一段時間，他的機器推銷頗為順利，短短半個月內，與三十三位客戶簽訂了合約並收取了定金。後來，他發現自己所售機器的價格比其他公司的同等性能機器高，感到非常不安。於是，他帶著合約和定金，花了整整

三天的時間逐家拜訪客戶，老老實實地告訴他們自己售賣的機器價格較高，並請他們取消合約。這些客戶被他的誠實所感動，最終沒有一個取消合約，反而對小池田子深表信任和敬佩。消息傳開後，更多人知曉了小池田子的商業誠實，紛紛前往他的商店購買貨物或訂購機器。誠實使得小池田子的財富源源不斷，最終成為了一位成功的企業家。

許多人心中存在著一種偏見，認為「老實人吃虧」，認為「老實就是無用的代名詞」，這種觀念是非常有害的。當年在大慶油田，有「三老四嚴」的說法，其中「三老」即指「做老實人、說老實話、辦老實事」。無數事例證明，誠實的人並不會吃虧。

誠實的人並不會吃虧；相反的，自以為聰明、得意洋洋、喜歡欺騙他人的偽君子，最終不會有所成就，只會自食惡果，搬起石頭砸自己的腳。

5.

真誠勝過欺詐

　　拙誠的人也許不會立刻贏得人心，但隨著時間推移，他的誠意會逐漸感染他人，贏得大家的信賴，進而獲得事業上的成功。這正是「路遙知馬力，日久見人心」的真諦。誠信正是做人的重要原則之一。

　　在《韓非子》中有著這樣的說法：「巧詐不如拙誠。」所謂的「巧詐」，指的是表面欺騙、虛偽掩飾的行為。雖然一時之間這樣的做法或許看似機靈，但隨著時間的流逝，周圍的人對其產生懷疑甚至疏遠的可能性會增加。相對的，「拙誠」則是指真誠地對待他人，行為或許較為直接，但能贏得大多數人的心。韓非子認為，與其使用巧妙的手段來欺騙他人，不如真心誠意地對待別人。

　　認識一個人很容易，一年有 365 天，我們每天與許多人交錯。但要與一個人真正交往下去，無論是透過書信、見面或是做客，這樣的機會卻是相對稀少的。正如俗語所說「千金易得，知己難求」、「人生得一知己足矣，斯世當以同懷視

之。」魯迅自與瞿秋白相交後，曾書此聯以贈。的確，朋友能變成莫逆之交，有了知己，生活中有人關心你、愛護你，在困難時給予你支持，在成功時為你祝福，在忘我時提醒你，在灰心時鼓勵你。好的朋友如同為生命增添了色彩，讓你感受到情感的深度、生活的豐富多彩，讓生命更加充滿活力，彰顯其價值。

要在茫茫的人海中找到朋友、找到知己，除了莫測的緣分外，最重要的是要靠自己的修養和努力，就像要吃果子先得栽種果樹一樣。朋友不會自己無緣無故地找上門來，也不會毫無來由地與你成為知己。要得到朋友，首先必須使自己成為一個容易受人欣賞的人，這種欣賞包括外表和風度，但更重要的是內在的特質和修養，比如誠實守信、心胸寬廣等等。

現在許多人似乎喜歡運用巧詐，但事實上，人際關係的基本原則，古今無異。喜歡欺騙的人可能暫時能夠欺瞞他人，獲取一些利益；但長久下去，終究會露出馬腳，失去他人的信任。最終，他們不但得不到多少利益，反而會損失更多。

與朋友交往後，保持積極的心態也是非常重要的。如果有一個朋友對你非常欣賞，在各種情況下都關心和愛護你，而你只是享受這份友誼，卻沒有以同樣的真誠回報他，那麼

這段友誼可能就會夭折。付出真誠的心去交友，才能獲得持久不變的友誼。因此，古人有言：「百心不可得一人，一心可得百人心。」

　　誠實無欺、言行一致是贏得他人之心的關鍵，也是事業成功的基礎；依靠欺騙手段是絕對無法長久的。

6.

誠實的長久價值

天下沒有任何廣告能比得上誠實美譽所帶來的效果。在處世之道上，唯有誠實方能立足長久，誠實是表現純真與謙遜的最直接方式。

誠實賦予一個人公平處事的品格。一個誠實的人，因為有正義公理作為後盾，能夠毫無畏懼地面對世界，贏得大多數人的信賴，實現長久穩健的發展。而那些虛假欺騙者，雖然或許能夠一時得利，但終將被唾棄、冷落，最終墜入失敗的深淵。

給足尺寸，不缺斤短兩，樣品真實，服務周到，嚴格履行責任，這些是經商者必須具備的品格。

塞姆・福特抱怨一個小飯館給他的啤酒不夠。他把店主叫來，對他說：「先生，請問，你一個月能賣幾桶啤酒？」

「10桶，先生。」老闆回答。

「那麼你希望能賣11桶嗎？」

「當然啊，先生。」

「那我就告訴你怎麼做，」福特說，「把份量給足！」

再看韋奇伍德的例子，他展現了真正的誠實精神。雖然他出身低微，但在盡全力做好工作之前，從不自滿。他特別注重工作的品質，關心是否有滿足他人的需求或得到他人的欣賞。這是他的力量和成功的根源。他無法容忍低劣的工作。如果所做之事不符合他的標準，他會毫不猶豫地摔碎並丟掉，同時聲言：「這不是喬治·韋奇伍德的作品！」

某家布料商店的經理表示，他正在忙於將整匹布料剪成碎片。他認為，透過廣告大力宣傳，讓人們知道購買碎片布料比按碼計價的布料更加划算，就可以吸引人們購買，因此可以獲得大量利潤。

然而，一旦顧客發現這是一種欺詐行為，還有誰願意再去光顧那位經理的商店呢？許多人認為欺詐和說謊是一種有利可圖的手段，他們認為欺詐是值得採用的。因此，許多聲譽良好的商店也常常掩飾商品的缺陷，透過各種欺騙性的廣告來吸引顧客。

有些人甚至認為，在商業場合，欺騙的手段和資本同樣必要。他們相信，在言行誠實的同時，想要在經營上獲得巨大成功是非常困難的。現今新聞界存在一種不幸的現象，就是刊物常有離開事實、顛倒事實等傾向。其實，一家刊物的聲譽就像一個人的名譽；如果一家刊物常常故意刊登不真實

而欺騙人的內容，那麼它必定會被視為「造謠說謊者」。那些堅持事實、忠於事實的刊物，在社會中的地位遠比那些雖然銷路廣但不忠實的刊物高得多。

不為利益所動、毫無私心，始終保持誠實的美譽，其價值比從欺騙中獲得的利益來得大。不堅持誠實，沒有絕對正直品格的人是很危險的，他們或許平時願意站在正直的一方，但是一旦涉及到自身利益，他們就會背離正直，不說正直的話，不做正直的事。他們也許不會直接說謊、欺騙，但往往會有所保留，尤其是在應該表現出誠實的時候。他們不明白，雖然他們獲得了一些金錢，卻損失了誠實的品格。他們的錢固然增加了，但人格卻降低了！

因此，許多人在日後會覺悟到，欺騙是不可靠的，是注定要失敗的！因此從實現願望的角度考慮，誠實也是一種好策略！回顧商業史，我們可以看到一些 50 年前的店家，至今仍然存在的幾乎寥寥無幾。那些大店當時像雨後春筍一般蓬勃發展，登載各種不真實的廣告，表面上繁榮一時，然而它們的壽命無法持久，因為它們缺乏誠實作為後盾。一時或許能夠欺騙成功，但不久這種欺騙就會被揭穿。到那時它們就會受到冷落，最終失敗。欺詐者是墮落的人，這樣的人因為不誠實，無法與人長期相處，更無法實現自己對幸福和成功的願望。

7.

贏得信任的誠信

　　不誠實的代價是昂貴的，它將導致人與人之間相互戒備、互不信任，從而造成整個社會的無序和混亂。唯有以誠信為本，以誠信換取信任，整個社會才能充滿和諧與歡樂。

　　誠實本身就是一場搏鬥。一個為人正直的朋友曾說：「我每天都在和誠實搏鬥。」事實上，每個人每天都在是非、善惡、美醜的戰鬥中，這就是我們的人生。然而，我們常常生活在不誠實中，玩世不恭被一小部分的人所推崇，而且他們以「大家都這麼做」為藉口拒絕以誠實待人。這就如同阿Q的「和尚摸得，我就摸不得？」一樣荒謬。也許不誠實在短期內會給你帶來一定利益，但最終失敗的仍然是你。

　　與不誠實做鬥爭需要勇氣，一方面要與內心的道德「惰性」作鬥爭，戰勝虛假的心理；另一方面，在外界我們還不得不與不誠實的人、事搏鬥，這可能會損害許多朋友的感情和友誼。然而，不誠實終究站不住腳，不誠實就像冬天的雪，一旦誠實的陽光出現，它就會分崩離析。我們所做的每

一件事都應以誠信與正直為基礎，否則，我們的心靈將永遠不會安寧，也無法享受到自我肯定的喜悅。

失去信譽後，會讓人感到懊惱，因為你不知道何時才能重新贏得信任。然而，如果你在失信之後能及時採取補救措施，仍有可能獲得寬恕和諒解。

有一家連鎖店生意興隆，經常有排隊的人潮。但有一次，一位顧客反映他從這家店買到了變質的熟食。當顧客拿著變質的食品回去時，憤怒地質問為何出售變質的食品？店員真誠道歉並耐心解釋：他們並不知情，但願意立即退貨退款。這樣的賠禮道歉和賠償損失，在一定程度上挽回了信譽、贏得了理解。

失去信譽後，周圍的人會投以懷疑的目光和埋怨的言語，你的真誠也未必能得到理解。因此，你需要加倍努力，重新贏得他人的尊重和信任。當你失信後，遭到冷落、拒絕和刁難，應該冷靜地接受，因為這是你自己的錯誤導致了這樣的反應。我們只能用信任去贏得信任，相信那些懷疑你的人最終會被你的真誠所打動。玩世不恭和虛偽的人，也許在短期內會獲得一定的利益，但終究是站不住腳的。

8.

正直的象徵

　　正直是一種誠實的品格，它體現了忠於事實、對人誠懇的坦率態度，是一種毫無愧疚的坦然，是人格的根基。古今中外，許多正直的人物都在歷史上留下了光輝的一頁。然而，這種光輝往往要以坎坷的遭遇甚至生命為代價，因此在當今逐漸「聰明和乖巧」的年代，正直似乎正逐漸遠去。我們需要清除落在正直上的世俗塵埃，而不是正直品性本身。

　　正直和誠實是人格的重要組成部分，可以說在某種程度上，正直就是誠實，而誠實也等同於正直。正直是一種完整的品格，指的是人的品性完整無缺。一個真正的人，不會將自己分裂成兩個部分，不會心口不一、言行不一，因為他們無法撒謊；也不會表裡不一、信口雌黃，這樣才不會違背自己的原則。正因為內心無矛盾，使得人們能夠集中精力，思緒清晰，使其獲得成功。

　　如何才能成為一個正直的人呢？

A·戈森認為，這沒有現成的答案，也許第一步就是在小事上鍛鍊自己做到完全誠實。當你不便於講真話時，不要編造小小的謊言，不要重複那些不真實的流言蜚語，不要把個人的電話費記入辦公室的帳上等等。這些方法聽起來可能微不足道，但當你真正追求正直並開始發現它時，它本身所具有的力量就會令你折服，使你不辭辛勤。最終你會明白，幾乎任何有價值的事，都包含自身不可違背的正直內涵。

有一所大學邀請 A·戈森在畢業典禮上演講，一位朋友開玩笑說：「這很容易，你只要向他們提供一條萬無一失的成功祕方就足夠了。」戈森說，儘管這是玩笑話，但實際上確實存在這樣一種成功祕訣，只要人們能清楚知道自己適合的領域，並付諸實踐，對任何人來說都是可行的。

在美國的工業社會中，那些前途遠大的人，面臨著嚴峻的競爭。一年又一年，實業家們苦心研究年輕人在學校的成績，審查他們的申請，為符合理想的人提供特殊的優待條件。然而，他們實際上追求的是什麼呢？智力？精力？實際能力？肯定，這一切都是必要的。但這些只能使一個人獲得某種程度的成功，如果他要攀上高峰，擔負起指揮決策的重任，還必須加上一個因素。有了它，一個人的能量可以發揮出兩倍、三倍的效力。這一奇蹟般的因素就是：正直的品格。

　　這就是萬無一失的祕訣嗎？是的。它之所以百靈百驗，正是因為它與人的聲望、金錢、權力以及任何世俗的衡量標準毫不相干 —— 如果你追求它並發現了它的真諦，你就一定是個成功的人。

　　正直的品格，是時代成功者的優良特徵，做一個正直的人，本身就是成功者的典範。透過我們微小的實際行動，擦拭積存在正直品格上的世俗汙垢，讓人性正直之光，閃耀溫暖的光芒，驅散人性的陰霾。

　　堅守真我，是遵守成功人生的準則；養成誠信和正直的品性，就是塑造成功的自我。

9.

堅持個人品格

　　人格是一個人無價之寶，是任何代價都無法換取的。要記住，在任何情況下，都要珍惜自己的人格，讓高尚的品德與自己同在！人格問題是古老而又嶄新、普遍而又現實的問題。那麼，什麼是人格呢？簡而言之，人格就是做人的資格和為人品德的總和。它是對一個人思想和行為進行道德評價的概念，也是人在社會中，地位和作用的統一。

　　林肯雖已逝世多年，但他的名字仍享譽世界。這是為什麼呢？其中很大一部分原因在於林肯生前的公正自持、廉潔自守，從未踐踏過自己的人格。如果年輕人在創業之初就下定決心：將自己的人格力量視為事業的資本，做任何事情都不背離人格，那麼即使不能名利雙收，也不會在事業上遭受失敗。反之，一個喪失人格力量的人，永遠無法長期處於成功的狀態中。

　　人格的力量是最可靠的事業資本，而誠實則是世界上最可靠的東西。許多人正是因為缺乏誠實的力量，最終走向了失敗。成功的關鍵在於正直、公平、誠實和信義。離開了這

些，就無法獲得真正的成功。我們每個人都應明白，在生命中擁有寶貴的人格和自尊。高尚的人格，富貴不能淫、貧賤不能移、威武不能屈，也不會因任何代價而動搖。甚至在必要時，寧願犧牲生命，也要保持人格力量的完整。

　　一個懂得尊重自己人格的人，絕不會將自己視為商品，也不會為了金錢、權力或地位而出賣自己的品格，降低自己的原則。這樣的人必然能在社會中成為重要人物。

　　當林肯擔任律師時，有人請他為一宗理屈的訴訟案辯護。他回答說：「我無法做這件事。因為在庭上陳述時，我心中一定會不斷地這樣想：林肯，你在撒謊，你在撒謊！我相信，那時我會忘形，而這樣高聲喊出來的。」

　　戴上虛偽的面具，從事不正當的行業或事業的人，必然會時常受到內心的譏笑和鄙視。良心的譴責和內心的羞愧是極其痛苦的，它會削弱人的力量，破壞人的品格，最終毀滅一個人的自尊和自信。

　　不論利益多麼巨大，都不應留戀於不道德的職業。如果你選擇從事這樣的行業，最終將面臨失敗和不幸。貧窮並不可怕，可怕的是為了財富而放棄自己的品格和自尊。我們寧願從事辛勤的工作，也不要犧牲自己的尊嚴和心靈的純潔。

　　將我們的品格融入我們所做的每一件事情中，這才是生活中最真實的喜悅。人格比「名」更崇高，比「利」更偉大。

10.

誠信的魅力

真誠是一種優良的品德，它與謊言格格不入，與欺騙無緣，真誠會贏得別人的信賴。擁有真誠的品德，就能夠在人生道路上，暢通無阻地奔向成功的目標。

許多求職者在參加面試時，最大的錯誤就是不保持真實本色。他們不以真面目示人，不能完全坦誠，而是給出他們認為「正確」的答案。然而，這樣的做法毫無用處，因為沒有人願意招聘偽君子，就像沒有人願意收假鈔一樣，真誠才是贏得信賴的關鍵。

以下是一個求職者，以真誠贏得老闆讚賞與肯定的生動事例：在國際函授學校丹弗分校的經銷商辦公室裡，戴爾正在應徵銷售員的職位。經理約翰・艾蘭奇先生看著眼前這位身材瘦弱、臉色蒼白的年輕人，忍不住先搖了搖頭。從外表看，這個年輕人並沒有展現出特別的銷售魅力。他在問了姓名和學歷後，進一步詢問：

「你有推銷的經驗嗎？」

「沒有！」戴爾坦率地回答。

「那麼，請回答一些與銷售相關的問題。」

艾蘭奇開始提問：

「業務員的工作目標是什麼？」

「讓消費者了解產品，從而心甘情願地購買。」戴爾毫不猶豫地答道。

艾蘭奇點點頭，繼續問：

「你打算如何與潛在客戶展開對話？」

「『今天天氣真好』或者『你的生意真不錯』。」

艾蘭奇再次點頭。

「你有什麼辦法向農場主人推銷打字機？」

戴爾稍作思考，然後坦然回答：「抱歉，先生，我無法向農場主人推銷這種產品。」

「為什麼？」

「因為農場主人根本不需要打字機。」

艾蘭奇興奮地從椅子上站起來，拍了拍戴爾的肩膀，激動地說：「年輕人，做得好，你很出色！」

艾蘭奇內心已經確信戴爾將成為一名出色的業務員，因為在最後一個問題上，戴爾給出的答案是如此真誠，令他非常滿意。之前的應徵者總是虛構一些無效的答案，但實際上行不通，因為誰會願意購買自己根本不需要的東西呢？

培養真誠的品格，將使你在人生之路上獲得意想不到的收穫，展現出一股誘人而又強大的力量。

四、給予與接受：
生命的平衡

1.

無私的奉獻

當你慷慨地付出時，你所獲得的回報也會更加豐富；相反地，若你吝嗇小氣，那麼所得的回報就會少得可憐。想要得到多少，你就必須先付出多少；只有在你無私地付出後，才會有其他的回報進入你的生活。

整體來說，你所獲得的任何東西，都是你先前付出的一部分。因此，真誠而慷慨地付出是非常重要的；否則，你所得到的回報就像是一條淺淺的小溪，遠遠比不上一條寬闊的大江。

當你學會正確看待每個人時，在社交活動中所學到的東西會讓你驚訝不已。只有當你付出了大量的心血時，才會有相應的收穫。展現你的才華、慷慨和無私，並與他人坦誠相待，你將獲得更多的回報。

不論你是青年還是長者，真誠付出都是一種可喜的特質。願意付出的人總是受歡迎的，因為他們展現出心胸開闊和慷慨大方，他們能夠喚起別人的愛意和自信，用他們的

純樸與直率，換來別人的坦然與真誠，讓人們對他們產生信任。儘管他們可能會犯一些錯誤，但我們總是願意原諒他們，因為他們從不掩飾自己的過失，並積極改正。

如果自己有缺點，他們也從不掩飾，而我們也總是寬容地接受。他們坦誠、光明磊落、樂於助人，這些卓越的特質使得他們成為優秀、出色的人。靠欺騙的手段發一筆財，最終只會落空。然而，一個講誠信、講信譽的人，或許並不積極尋求財富，但財富可能自然而然地來臨。成功的人在事業上都曾經得到他人的幫助，所以我們應該以付出來回報，這是公平的遊戲規則。

付出是追求個人成功最可靠的途徑。一個願意為他人付出時間和心力的人，才是真正豐富的人。付出不僅造福他人，同時也提升了自身價值，不論對方是否接受幫助，或是否表示感激。想像一下，如果每個人都在一生中為他人奉獻，世界將變得更加和諧美好！付出是一種無形的儲蓄，我們每個人也都將得到他人的幫助。

付出也能為你的事業帶來利潤。費城的商業大亨約翰‧馬克曾經說過，獲利的最大途徑是：出人意料地提供有用的服務。在美國東部的某個城市，有一家經營非常成功的商店，他們的方法很簡單。店裡的員工經常巡視附近的停車表，一旦看到已經逾時，就會幫忙投幣，並留下一張紙條，

告訴駕駛人他們樂意為其服務，避免他們因逾時停車而收到罰單。許多駕駛人特地到店裡表示感謝，結果經常不免俗地購買了一些商品。

波士頓有一家大型男裝店，他們在每套西裝的口袋裡，都放了一張精美的印刷卡片告訴消費者：如果他們對該套西裝滿意，可以在 6 個月後帶著卡片回到店裡，換一條領帶。當然，消費者高興地再次光顧，往往會買下另一套西裝。

提供額外服務將為你帶來更多回報。

想像一下種植小麥的農夫吧！如果每種植一株小麥只能得到一粒麥子，那麼這無疑是在浪費時間。然而實際上，從一株小麥上收穫的麥子數量是驚人的，即使有些小麥可能不會發芽，但農夫所獲得的收成，總是遠遠超過他所種植的量。

這種情況同樣適用於你提供的各種服務。如果你提供價值 100 元的服務，你將不僅收回 100 元的成本，還可能獲得更多的回報。然而實際獲得多少，取決於你是否持正確的心態。如果你心存不滿或不情願地提供服務，那麼可能一無所獲；如果你只是出於自私的動機提供服務，那麼你所期望的利益可能也難以實現。

幫助他人解決問題同時也有助於解決你自己的問題，因為付出就像是一種無形的儲蓄，沒有耕耘就不會有收穫。一個人所獲得的多寡，通常與他所付出的多寡成正比。

2.

收穫的自然法則

在獲得任何東西之前，你必須先付出一些東西。收穫不會從天而降，不勞而獲的事如徒然的空想，永遠不會實現；如果你想喝水，就必須去打水。

農夫在秋季收穫之前，必須在春季或夏季播種；學生在獲得知識和學位之前，必須花數百個小時閱讀；運動員想贏得金牌，必須流下大量的汗水，埋頭苦練；業務員想晉升為業務經理，必須先了解行銷原理。你投入某些努力，上天就會給予你回報。

在生命的旅程中，要得到東西，就必須先付出。不幸的是，許多人站在生命的火爐前，希望獲得溫暖，卻不願意先加入一些木柴。

祕書常對老闆說：「幫我加薪，我會做得更好。」業務員常對老闆說：「升我為業務經理，我絕對能勝任，雖然我一直沒有表現，但只要給我機會，我就能做得更好。」學生常對老師說：「如果我帶回家的成績不理想，父母會處罰

我。因此，老師如果您能給我好成績，我下學期會更加努力
用功。」一位農夫祈求：「如果今年讓我豐收，我保證明年
會更加努力耕種。」

　　總之，他們的意思都是：給我回報，我會做出相應的努
力。可是生命並不是這樣運行的；在期待回報之前，你必須
先投入。現在，如果你能將這個道理應用到其他方面，將能
解決許多問題。

　　在阿拉巴馬州炎熱的 8 月，一位名叫巴那德的農夫正忙
著打水。打了幾分鐘後，他已經汗流浹背。此時，他開始思
考，究竟為了取得水，需要付出多少才值得。他關心著自己
的努力是否能換來相應的回報。過了一會兒，他說道：「吉
米，我覺得這口井可能沒水了。」吉米回答道：「不會的，
巴那德，阿拉巴馬州的井都是深井，它們都有乾淨、甜美、
清澈的水。」吉米在談論水的同時，也在談人生，不是嗎？

　　此時，巴那德已經感到極度疲憊、滿身大汗。他停下來
說：「吉米，這口井真的沒水了。」吉米急忙跑過來，抓住
吸管的柄繼續打水，說：「現在不要停下來，巴那德，如果
你停下來了，水就會倒流回去，那麼你就得重新開始。」這
也是生活的寓言。無論性別、年齡或職業，沒有一個成功的
人，會因為遇到挫折就放棄努力。

就像你無法從吸管的外觀判斷還需要再抽幾次才能見到水流一樣，在生活的旅途中，你也無法預測明天是否會有重大突破，或者需要多長時間才能成功。

耕耘才有收穫。任何事業的成功都來自於努力奮鬥。徒然空想只會是竹籃打水 —— 一場空。

3.

學會放下

在善惡之間抉擇時，遠不及在得失之間做出決定那麼容易，因為得與失是不相容的，因此我們必須在兩者之間做出取捨。只有懂得割捨，才能獲得更多回報。

在我們的童年時代，我們是按照快樂原則生活，父母總是盡可能地滿足我們的願望。當我們哭泣時，他們會立即給予我們食物；當我們感到害怕時，他們會給予我們安慰和保護；當我們生病時，他們會照料我們。父母關心我們是否感到舒適，只要我們大聲哭泣，他們就會立即前來安撫我們，並按照我們的意願行事。在童年時期，我們並不了解自我節制的重要性。我們的幼小心靈只想立即滿足自己的需求，不明白推遲滿足或克制望的必要性。隨著年齡增長，我們才明白，在人生的不同階段，我們需要對許多事情進行權衡和取捨。

在生命的早期階段，我們並不了解這一點。對於年輕人來說，他們認為自己可以隨時嘗試各種職業；如果他們必須

做出選擇，他們會猶豫不決。要取得一番事業的成就，就必須放棄許多其他職業的機會，全心全意地實現一個目標。

時光不可倒流，我們無法回到童年或少年時代。如果成年男子仍然渴望擁有童年時的快樂，成年女子仍然希望像小女孩一樣無憂無慮，那麼可以說，他們患有「幼稚病」，他們沉溺於過去的回憶，幻想著時光能夠倒流。他們並不明白，許多願望在人生早期是合適的，但在日後卻變得不適當，應該予以放棄。為了邁向人生的新階段，我們必須告別過去的生活，這樣才能打開新生活的大門，讓自己變得更加成熟，實現自己的人生目標。

一個人應該明白，對於當前的身分來說，哪些行為是合適的，哪些是不適宜的。只有這樣，他才能真正尊重自己；長大成人後，他應該承擔起自己的責任和義務。他會選擇自己的愛情、職業和愛好，並在做出選擇後，努力發揮自己的才能，實現自己的人生抱負。「我不再是與他人無關的獨立原子。」我們不僅應該有勇氣這麼說，而且應該將這種思想扎根在內心深處，「我所做的一切，將會深深影響他人。」

要拋棄過去的觀念是令人痛苦的。我們常常固執地沉浸於自己的幻想中，崇拜神祕的英雄人物。我們在白日夢中將自己塑造成情場高手、偉大的英雄或著名的科學家，希望未來成為這樣的人。我們透過這樣的白日夢來尋求安慰，避免

受到傷害。然而，現實與幻想之間存在著巨大的鴻溝，企圖跨越這個鴻溝去實現少年時的幻想，既危險又徒勞無功。

　　此外，我們不該向孩子、朋友和愛人索取過多。我們應該寬容大度，就像卡爾·桑堡所說的那樣：「放開你的手，讓他們自由！」對於無法實現的願望，我們不應該虛偽地隨便承諾，我們應該真誠地大聲說：「不行！」我們應該清醒地意識到這種放棄意味著什麼，從而自內在尋找新的力量，勇敢向前邁進。

　　我們應該明白，在放棄和壓抑之間存在著原則性的區別。壓抑所有的欲望和希望，認為它們根本無法實現，會使一個人走上悲劇性的道路；但勇敢放棄的人不同，他們清楚地知道那些欲望是根本無法實現的；放棄後，他們的內心變得更加堅強有力。他們勇敢地面對人生，也清楚了解自己為什麼要這樣做。如果一個人能夠這樣對自己說，那麼他就懂得放棄中也蘊含著豐富的人生智慧，不再壓抑自己。我們直接面對人生中的誘惑並放棄它們，只有這樣才能實現永恆和真正的幸福，不再感到內心的衝突和精神上的負擔。

　　人們往往在情緒低落時，容易陷入自己的情緒之中，無法從困境中擺脫，因為他們不懂得放下。在《星雲禪話》中有一則極具啟發性的故事：一位旅者在一次意外中墜入山谷，絕望中抓住崖壁下的樹枝，懇求佛陀施以慈悲相助。佛

陀出現，出手相助，告訴他：「現在請放開樹枝。」然而旅者仍執迷不悟，害怕墜入深淵，不願放手。最終，即便有佛陀的幫助，他也無法得救。

　　不懂得割捨的人，往往會陷入困境，無法獲得真正想要的。有時候，為了得到更多，必須先放下一些東西，這樣才能真正擁有該得到的一切。

4.

天下沒有白吃的午餐

　　只有先播種，才會有所收穫，這不僅適用於事業，也是社會的基本法則；所以，若你渴望成功，就應該毫不保留地奉獻你的辛勤和心血；只要你的付出超過所獲，收穫終將豐富。每一粒播下的種子都將生根發芽，為你帶來豐厚的成果。

　　諾德史東家族始於 1920 年西雅圖的一家簡樸鞋店，如今已發展成連鎖百貨企業，以服務和樂於取悅顧客而聞名。顧客甚至能在數年後以不滿意為由，退回已購買的衣物，店員將不遺餘力地在全國各分店，尋找顧客所想要的尺寸和顏色。有位女店員甚至代表一位忘記送母親節賀卡的顧客寄出了賀卡。

　　雖然這種貼心服務政策有時會被部分顧客濫用，一些人買了衣物僅穿過一次就要求退貨，另一些人特意訂購卻不來取貨，甚至有些人將店員當作私人代步工。然而，這並未對公司的業績造成任何負面影響，因為諾德史東憑藉著出色的服務，吸引了大量忠實顧客。

　　儘管經濟不景氣，導致許多同業倒閉或裁員，諾德史東仍

然能夠在全國保持著小幅度穩定成長。除非能夠找到一批願意為公司多付出的員工，否則諾德史東是不會輕易擴張新店的。

成功學家拿破崙・希爾的經歷也是一份珍貴的經驗。當他還在喬治城大學就讀法律系時，就已接受安德魯・卡內基委託出版一本關於成功哲學的書。除了從卡內基那裡得到一些旅費補助之外，其他一切費用都由拿破崙・希爾自行負責。

拿破崙・希爾說：「我對這份工作的奉獻，使自己承受了不少的負擔，我必須賺錢養家，而且許多親戚都嘲笑我。但儘管有這些阻力，我還是為這項任務工作了 20 年，在此期間我拜訪過知名企業的總裁、發明家、創始人以及著名的慈善家。由於這些人通常都不知道他們的成功原則，因為他們只是去做而已，所以我必須花許多時間來觀察他們，並確定我原先的假設是否真能發揮功效。因此除了賺取生活費之外，我還必須為這些人工作。處在親戚們的嘲笑和辛苦工作之間，有時真的很難保持積極心態和不屈不撓的精神。有時當一個人待在無聊的旅館房間裡時，甚至會覺得我家人的想法才是正確的。支持我向前邁進的力量使我確信，我不但能完成這本著作，而且當我完成它時，會為自己的成功感到驕傲。」

一個沒有受到奉獻的熱情所鼓舞的人，永不會做出什麼偉大的事情來。

5.

奉獻的幸福

要成功，就必須明白「捨得」的道理。小捨小得，大捨大得，不捨不得；種瓜得瓜，種豆得豆。愛出者愛返，福往者福來，絕沒有無付出的回報，也絕沒有無回報的付出。付出的多少，決定了成就的大小。動的實質是付出，行動就要付出。付出時間、精力、財物、汗水甚至鮮血……我們猶豫退縮了嗎？

有一位大學講師，在臺上講了快三個小時的話，真正感動學生的，是其中他說的一句話：「能付出的人，才是真正自由、幸福的人。」令人感動的，不僅是這句話本身，而是他在說話時所流露出來的真實情感。中年男子很難得掉眼淚，人生已走過大半，大風大浪見慣了，感情便會內斂；可是，他在說這句話時，眼中卻泛著淚光。

當時這位講師的妻子中風了，正在醫院。他沒日沒夜地照顧她，剛開始時覺得自己很辛苦，精神和體力都透支，白天要上班工作，晚上還要照顧病人。他羨慕老婆的好福氣，

只要躺著就有人服侍，他現在的生活連想躺在床上休息一下都成了奢侈。

有一天，他突然想通了：他擁有自由，想走便走、想動便動、想做什麼就可以做什麼；而他的妻子卻連移動一下的自由都是奢求。所以他感悟到真正自由幸福的人，是能照顧別人、能付出的人。這是他親身經歷的心路歷程，所以講出來特別令人感動，也容易讓人接受和動容。

要付出比別人更多的精神和體力，難免是辛苦勞累的，但能付出不就已經是一種福氣了嗎？有人認為付出是吃虧或損失，其實並不盡然；有很多事的表面看起來是損失，事實也並不盡然。

古代有這樣一個故事：

一位富有的父親在遺囑中，給了他的三個兒子十九匹馬，大兒子分得其中的一半，二兒子分得四分之一，三兒子分得五分之一。然而，他們怎樣都不能整除，無法分割這十九匹馬，三個兒子因此爭吵不休。

他們求助於一位智者解決這個難題。智者說：「因為沒有人願意做出犧牲，所以分配不均，我願意捐出一匹馬，讓你們分得平均。」三個兒子都非常高興，因為這樣多出一匹馬，使得總數為二十匹馬。大兒子二分之一，有十匹馬；二兒子四分之一，有五匹馬；三兒子五分之一，有四匹馬。

聰明的你可能已經發現了，總數仍然是十九匹馬。三個兒子一愣一愣地看著這情況。智者說：「既然已經分配好了，那我就把我捐出的那匹馬牽回去好了。」智者的付出實際上沒有造成任何損失。這個故事告訴我們，有時候表面上看起來是損失，但實際上卻可能是收穫。

張忠謀在美國矽谷快要退休時，辭去了工作，許多人無法理解 —— 他放棄了一筆可觀的退休金！但他卻說：「我要讓臺灣也能擁有美國的電腦產業。」他花了五年時間努力奮鬥，一開始或許看不到任何收穫，但他始終堅持不懈。最終，他的成果讓人們感到驕傲，臺灣也終於擁有了自己的電腦產業。付出並不一定意味著損失。從長遠來看，一切都是更好的收穫。

付出比別人更多的精神和體力可能會讓人感到辛苦勞累，但從另一角度來看，能夠付出的本身，就是一種福氣。

6.

完整生命的奉獻

只要我們願意將自己的心奉獻給他人，愛就會自然而然地湧現。當我們付出愛給予他人時，我們也會因此獲得更多的愛。

奉獻是愛的最高表現，是心靈寬廣和美麗的展現。那些樂於奉獻的人，必定擁有美好的內心世界和高尚的精神情操。他們不斷努力提升自己的生命價值，即使在面對危險時，仍然不忘將愛傳遞給他人。這種無私的情懷是如此高尚、如此真誠，彷彿一首動人的讚歌，永遠令人難以忘懷。

我們用一個感人至深、最具說服力的故事，來證明這個偉大的信念：

琳達是一位美國女孩，她真實地將自己奉獻給了別人。身為一名老師，她把每一分閒暇時間都投入到藝術創作中。當她 28 歲時，醫生發現她長了一個很大的腦瘤，手術的存活率只有 2%。因此他們決定暫緩手術，給她半年的時間。

她知道自己有藝術天賦，於是在這六個月的時間裡，她瘋狂地畫畫和寫詩。她的詩幾乎全部被刊登在雜誌上；她的

畫幾乎全部在知名畫廊展出，並以高價售出。六個月後她終於動了手術，在手術前的那個晚上，她決定要將自己完全奉獻出來。她撰寫了一份遺囑，表達如果自己離世，願意將器官捐贈給那些比她更需要的人。

　　不幸的，琳達的手術失敗了。手術後，她的眼角膜很快被送往馬里蘭的一家眼睛銀行，然後被轉送給南加州的一名患者，使得一位年僅 28 歲的年輕男性患者得以重見光明；他感激不已，寫信給眼睛銀行表達感謝之情。他更進一步地感謝捐贈人的父母，相信他們一定是難得的好父母，才能培養出願意捐贈眼角膜的孩子。得知他們的名字和地址後，他未告知的情況下前往拜訪。琳達的母親了解他的來意後，擁抱著他說：「孩子，如果你今晚沒有別的地方去，爸爸和我很樂意和你共度這個週末。」

　　他留了下來，在琳達的房間裡看到她曾讀過的柏拉圖和黑格爾的書籍，而他也讀過。第二天早上，琳達的母親看著他說：「你知道嗎，我覺得好像在哪裡見過你，可是就是想不起來。」突然，她想到一件事，上樓去拿出了琳達死前所畫的最後一幅畫，那是她心中理想男人的畫像，畫上的男人和這個年輕人幾乎一模一樣。

　　然後母親把琳達死前在床上寫的最後一首詩，念給年輕人聽：

「兩顆心在黑夜裡穿梭，墜入愛河，但卻永遠無法抓到對方的眼神。」

最完美、最慈悲的愛，讓琳達以奉獻她的生命，超越了物質存在；在精神世界中，仁愛得到了永生。這位年輕人從此把琳達的父母當作自己的父母，他們之間建立起了一種新的親情。

人生最大的幸福、自由和快樂，莫過於愛與奉獻。

無條件的給予

　　在這個世界上，只有充滿愛心的地方和家庭，才能獲得幸福的光輝。無條件地付出，是真情的奉獻，是愛的表現，其結果常常會贏得更多的回報。

　　幸福與否，取決於個人的心態，那種善良和仁慈的愛，能夠產生巨大的力量，帶來盼望的幸福。即使生活平凡，即使身體有缺陷，我們也應該學會一個精神處方 —— 多想想，如何讓他人感到快樂？

　　有時我們會在某一瞬間突然醒悟，發現一切事物都遵循著一個美好的模式，完美地融合在一起。雖然我們不總能感受到這種情感，但偶爾會有「那樣的一天」，在這些日子和時刻，一切都順理成章地發生，我們獲得的，正是所需要的。

　　無條件的愛是絕對的接受，它接受個人身上永恆的東西，並且能夠提出難以啟齒的要求，這種愛能夠改變對象，產生更多的愛，讓我們去建立密切的關係，去支持和撫育我們所愛的人，把愛提升到更高的層次，並將其擴展到精神領域。

　　允許我們的丈夫，去安慰我們最親密的朋友；允許我們的妻子，去鼓勵我們的兄弟；允許我們的孩子，與同街區的其他家庭一起度假，並把我們的牙醫、推拿師和輔導老師，介紹給那些可能從他們的治療中受益的人。這樣一來，我們擴展了愛的影響範圍，並延伸其作用。

　　釋放我們的關係網絡，將其與他人分享，這違背了我們內心的占有欲：把我們所愛之人視為禁忌，不容他人接觸；然而，愛與控制占有是背道而馳的。儘管分享也會帶來風險，但讓我們身邊的人分享我們的喜悅，也將給我們帶來難以言喻的愉悅。

　　世界知名的精神醫學家阿德勒，曾經做過一項令人驚嘆的研究。他常對孤獨者和憂鬱症患者說：「只要按照我的處方去做，你的孤獨和憂鬱症在 14 天內一定可以痊癒。這個處方就是 —— 每天想想，怎樣才能讓別人快樂？讓別人感受到人世間愛的力量。」

　　有一位 50 歲的女士，她失去了丈夫和兒子，承受著沉重的悲傷和無助。這樣的憂傷逐漸使她深陷憂鬱症，甚至產生了自殺的念頭。幸好，一位善心的鄰居把她帶去找了阿德勒博士。在聽取了她的病情後，阿德勒建議她去做一些能讓別人快樂的事情。一位 50 歲的她該如何做呢？

　　過去，她喜歡照顧花園，但自從失去了丈夫和兒子後，

花園也荒廢了。在聽取了阿德勒的建議後，她開始重新修整花園，施肥灌溉，並撒下種子；很快的，花朵在花園中綻放。從那時起，她每隔幾天都會親手把自己栽培的鮮花，送給附近醫院的病人。她的善舉給予了醫院病人溫暖，換來了他們的感謝之意。這些美好的回饋深深觸動了她的心，逐漸治癒了她的憂鬱症。她還收到了許多康復者的賀年卡和感謝信，這些卡片和信件讓她感受到溫暖，重新找回了生活的喜悅。

另外，有一位盲人在夜晚行走時，手中總是提著一盞明亮的燈籠。有人很好奇地問他：「你自己看不見，為什麼還要帶著燈籠呢？」那位盲人開心地回答：「這很簡單，我提著燈籠不是為了自己，而是為了給別人提供光明，幫助他人。我手中的燈籠能讓別人看到我，不會碰撞到我，從而保護了我的安全，同時也幫助了我自己。」

在人生的道路上，如果你感到孤寂或困惑，那麼你可以依照阿德勒的建議去做。只要心中擁有一盞溫暖的奉獻之燈，就能照亮你心靈的黑暗，給予你溫暖，度過寒冷的冬日，跨越困難重重的障礙。如此一來，你將會逢凶化吉、因禍得福，獲得快樂，從而遠離精神困擾。因為真正的愛是無條件地付出和奉獻，最終的結果則是無償的收穫。當你送給別人一束玫瑰時，你也同時為自己留下了最持久的芬芳。

8.
互助的美德

　　當我們將自己的資源與他人分享時，不僅會將我們所擁有的擴大和增加，還能帶來更多的幫助。因此，我們應該分享一切好的和值得嚮往的東西。我們幫助的人越多，我們也會得到更多的幫助。

　　每個人都有能力去幫助他人，這不僅僅是富人的特權。無論我們的職業是什麼，我們都能以自己的方式去幫助他人。有時，幫助可能只是一個微笑、一句友善的話語，或是由衷的感謝、鼓勵、信任和讚美。

　　有個故事，講述了一個人被帶去參觀天堂和地獄，以便比較後做出選擇。首先，他參觀了魔鬼管理的地獄。起初，他對所見感到驚訝，因為所有人坐在餐桌旁，桌上擺滿了各種美食，包括肉、水果和蔬菜。

　　然而仔細一看，他發現每個人的臉上都沒有笑容，也沒有音樂或歡樂的氣氛。他們看起來沉悶、無精打采，而且瘦得皮包骨。每個人的左手都被捆綁著一把叉，右手則捆綁著

一把刀，這些工具都有四尺長的把手，使他們無法拿起食物進食，結果他們一直飢餓。

接著，他參觀了天堂，情景幾乎一模一樣 —— 同樣的食物、刀子、叉子和四尺長的把手；但是，天堂的居民卻在歌唱和歡笑。他感到困惑，不明白為什麼情況相同，結果卻如此不同。最後，他終於明白了：在地獄裡，每個人都試圖自行進食，但由於叉子和刀子的長度，無法吃到食物；而在天堂裡，每個人都在互相餵食。正因為互相幫助，最終每個人都得到了幫助。

這個故事傳達了一個簡單而深刻的道理：當我們幫助他人獲得他們所需要的東西時，我們也會因此而受益；而且我們所幫助的人越多，我們所獲得的也就越多。

有位年輕人在一家商店服務了四年，卻未受到老闆重視，因此他打算尋找其他工作，準備跳槽。然而有一天，下著大雨，一位老婦人走進了商店，其他店員都對她冷淡，唯有這位年輕人主動打招呼，彬彬有禮地詢問她是否需要幫忙。他陪著老婦人逛遍整個商店，耐心解釋各種商品，還主動為她提貨。當老婦人離開時，他替她撐開了傘，老婦人對他的服務感到十分滿意，留下了名片後就離開了。

後來，這位年輕人忘記了這件事，繼續尋找更好的工作。沒想到有一天，老闆叫他到辦公室，給了他一份更好的

工作，原來這份工作是那位老婦人 —— 一位富商的母親特地
要求他擔任的。

　　這個故事告訴我們，當我們幫助他人時，並不是為了得
到回報、補償或讚美。當我們無私地行善時，祝福和回報就
會自然而然地降臨到我們身上。

9.

慷慨的讚美

在我們日常生活中，一個常常被忽視的美德，就是對他人表示讚賞。我們往往容易挑剔，對他人的所作所為總是心存不滿。但實際上，批評往往難以達到預期的效果，而讚揚卻可以。

讚美對人心的影響，就像陽光對萬物的滋潤一般。人天生就喜歡被讚美，因此我們不應吝嗇對他人的讚美。

美國哲學家約翰‧杜威曾經說過：「人類最深刻的動力之一，是成為一個重要的人物，因為重要的人物能夠時常得到別人的讚美。」林肯的相貌並不出眾，但他也曾說：「每個人都喜歡聽到讚美的話，我們都不例外。」

在日常生活中，讚美可以成為生活的潤滑劑，為人際關係帶來更多的和諧與溫暖。

有一位丈夫深深了解讚美的力量，他因此而使自己的婚姻更加美滿。他的妻子參加了一個自我成長的活動，她請丈夫列出他認為她可以做到但尚未做到的六件事情。

對丈夫來說，這很容易，甚至可以列出一千件，但他選擇不這樣做，只是告訴妻子說要好好想一想，第二天再告訴她。

第二天一早，丈夫起床後立刻打電話給花店，要求送來幾朵紅色的玫瑰，並在卡片上寫著：「我想不出我要你做的六件事情，我就愛現在的你。」結果當天晚上，丈夫回家時，妻子已經在門口等候，眼中充滿了感激的淚水，她比以前做得更好了。

另外一個故事是一個五歲的女孩，在教堂表演中首次登臺演唱。她擁有優美的歌聲，天賦從一開始就受到了肯定。隨著年齡的增長，她的家人意識到她需要專業的聲樂訓練，於是請來了一位著名的聲樂教師來指導她。這位教師造詣很深，很少有人比得上，是個苛求完美的教師。不論何時，只要這女孩一想到放棄或節奏稍微不對，他都會很細心地指正。經過一段時間以後，她對教師的崇拜日益加深，即使年齡差異很大，而且他的嚴格遠勝於鼓勵，但是女孩最後還是嫁給了他。

在婚後，他繼續教女孩，但女孩的聲音變得僵硬，不再有以前的自然和清新。她的朋友注意到這一點，漸漸地，邀請她表演的機會越來越少。最後，幾乎不再有人邀請她。就在這個時候，她的丈夫，也是她的老師，去世了。

　　隨著時間的流逝，她很少再有演唱的機會，甚至有時根本沒有。她的音樂才華被擱置一旁，直到有一位業務員開始對她展開追求。每當她隨意哼唱或是彈奏旋律時，他總是讚嘆她歌聲的美妙。「再唱一首吧，親愛的，你擁有世界上最美妙的歌喉。」他總是這樣說。或許他並不了解她的歌聲是好是壞，但他確實深深著迷於她的歌聲，因此不斷地給予讚美。在業務員的鼓勵下，她重新找回了自信，重新踏上了舞臺，重拾了自己成功的歌唱生涯。

　　這個故事告訴了我們，讚美的力量超越了單純的指導，它能激勵一個人發掘自己的光輝。

　　看完這個故事後，我們或許會反思自己的行為，是否像那位音樂教師一樣過於嚴格。當我們的子女帶回一份好的成績單時，我們是否給予足夠的讚揚？當他們第一次成功做出一個蛋糕或一個作品時，我們是否給予了鼓勵？父母對子女的關注和讚揚是無比重要的，它們能帶來快樂與自信。

　　在生活中，當你品嘗到一道美味菜餚時，別忘了對廚師表示讚美。當一位勞累的業務員對你表現出禮貌時，也請你給予讚揚。

　　每一位傳教士、教師和演講者都曾經歷過心血結晶卻未得到讚揚的失望。辦公室、商店和工廠的工作人員，甚至我們的家人和朋友，都可能遭遇過這種情況。在人際關係中，

我們不要忘記每個人都渴望被欣賞和讚揚,這是所有人都歡迎的。在生活中,多說幾句感謝的話,留下友善的小火花,這些小小的舉動會點燃友誼之火,照亮你的生活。

因為讚美,我們感受到被關注;因為讚美,我們感受到被尊重;因為讚美,我們體會到被理解。讓我們努力找出別人的優點,給予真誠而真摯的讚美,讓我們的生活變得更美好。因為喜歡被讚美是人的天性,讚美使人變得善良、堅強、美好,就像種子需要陽光一樣。

10.

尊重他人

　　每個人都有自尊心，無論是高高在上的一國領袖，還是沿街乞討的流浪者。然而，在人際交往中，我們經常過於強調自己的自尊心，卻忽略了對他人的尊重。

　　相互尊重是人際交往中至關重要的準則。沒有尊重，交往是無法長久維持的。只有相互尊重，才能彼此承認，體諒對方的感受，讓對方願意接受。對於那些有所成就的人來說，他們的習慣是時刻顧及他人的自尊心。

　　人們喜歡玫瑰的花，而不喜歡它的刺。批評就像是刺一樣，稍不小心就會傷害到他人的自尊心。批評往往不會達到預期效果，反而會引起對方的不滿和反抗。更糟糕的是，批評會傷害到他人寶貴的自尊心。嘗試理解他人的心情，採取和氣的開導方式，會更容易被接受。

　　林肯曾深刻地體會到這一點。年輕時的林肯居住在印第安納州的鴿谷，對評論是非情有獨鍾，經常寫信和詩諷刺他人。他經常將這些諷刺信件丟在鄉間小徑上，讓被戲謔的對

象有機會拾起。即便在他成為伊利諾州春田鎮的見習律師時，這個習慣依然難以改掉。

西元 1842 年秋天，他再次匿名在報紙上發表了一封信，諷刺當地自以為是的政客詹姆士‧席爾斯，這讓他在整個鎮子都開始議論紛紛，成了笑柄。席爾斯氣得不得了，最終查出了信件的作者是林肯，他立刻騎馬找到林肯，下了戰書要求進行決鬥。雖然林肯不喜歡這種衝突，但無奈情勢所迫，只好接受挑戰。他選擇了騎兵腰刀作為武器，還向一位西點軍校畢業生學習劍術，準備在決鬥當天與對手一決勝負。幸運的是，在最後一刻有人阻止了這場決鬥，否則情勢恐怕會變得更加複雜。這次的經歷成為林肯一生中最深刻的教訓之一。一次次的教訓讓他深刻明白了傷害他人自尊心的後果。之後，他學會了與人相處的藝術，不再隨意批評或嘲笑他人。

在南北戰爭期間，儘管有人對失敗的將軍們進行了猛烈批評，林肯卻保持了沉默。他認為不評議別人，也就不會被評議。當他的太太和其他人對南方人士進行批評時，他總是回答說：「不要批評他們；如果我處在同樣情況下，也會跟他們一樣。」

也許，任何時候都要顧及別人的自尊心，這就是林肯善於與人相處的祕訣，也是他的成大事之道。

　　顧及別人的自尊心，有許多種方法可以採用。在柯立芝總統執政期間，他的一位朋友接受了一個到白宮度週末的邀請。這位朋友偶然聽見柯立芝對他的一位祕書說：「你今天早上穿的這件衣服很漂亮，你真是一位迷人的年輕姑娘。」這可能是沉默寡言的柯立芝一生中對一位祕書的最佳讚賞了。這樣的讚賞讓那位女孩子滿臉通紅，不知所措。接著，柯立芝又說：「現在，不要太高興了。我這麼說，只是為了讓你覺得舒服一點。從現在起，我希望你對標點符號稍微小心一些。」柯立芝顧及別人自尊心的方法可能有點太過明顯，但其心理策略則很高明。

　　通常，在我們聽到別人對我們的某些長處讚揚之後，再去聽一些比較令人不痛快的事，總是好受得多。麥金尼在1896年競選總統時，也採用了這種方法。當時，共和黨一位重要人士寫了一篇競選演說，認為寫得比任何人都高明；這位仁兄把他那篇不朽演說大聲念給麥金尼聽。那篇演說有一些很不錯的觀點，但就是不行，很可能會引起一陣批評狂潮。麥金尼不願使這人傷心，覺得一定不可以抹殺這人的無比熱誠，然而他卻又必須說「不」。請注意，他把這件事處理得多巧妙。

　　「我的朋友，這是一篇很精彩而有力的演說，」麥金尼說，「沒有人能像你寫得這麼好了。在許多場合中，這些詞

語完全正確；但在目前這個特殊場合中，是否適當呢？從你的角度來看，這篇演說非常有力且貼切，但我必須從黨的角度來考慮它可能帶來的影響。現在你回去，根據我的指示寫一篇演說稿，然後給我一份副本。」

他確實照做了。麥金尼為他修改了草稿，並協助他重新撰寫了第二篇稿演說；後來，他成為競選活動中最有影響力的演說者之一。我們可以想象，如果麥金尼沒有顧及這個人的自尊心，而直接指責他的過失，那會發生什麼情況呢？肯定不會有這樣一個完美的結局。任何時候都要尊重他人的自尊心，即使在他人犯錯或做錯事時，也要給予他們尊重，這樣我們也才能得到尊重。

五、聲譽與利益：
品牌的打造

1.

建立個人品牌

　　建立個人名聲、打造自己的獨特形象，是我們需要從品德和行為上努力的一部分。這樣的努力不僅能夠獲得他人的讚美和好評，更能為我們的人生增添光明和希望。

　　「品牌」這個詞，近年來越來越流行，通常用在商品上。同一件商品掛上不同的品牌，價值也會有所不同；一旦建立了良好的品牌形象，商品的價值便會隨之提升。反之，若品牌形象不佳，即使大力宣傳也難以改善，這就是為何品牌需要註冊、價值連城的原因。

　　人也有自己的「品牌」。在日常生活中，我們經常聽到關於某人「很好」或「很壞」的評價，這就是他們的個人品牌。

　　人們往往容易對某些事物或人產生刻板印象，例如：認為「魏人多心計」，這就是刻板印象；喜歡留長髮的女孩、討厭活潑開朗的女孩，這就是個人的好惡。這些印象往往會影響我們對他人的評價，這是無可奈何之事，但我們仍應在這兩個因素之外，努力創造自己的「品牌」，尤其是「你希

望的品牌」。

那麼，如何塑造自己的品牌呢？有兩個方法：

首先，是消極的方法，即避免讓自己的品牌形象變壞。簡單來說，就是避免人們對你產生負面評價，比如被視為懶惰、投機、邪惡、不忠、冷漠、好鬥、陰險等。一旦被貼上這些標籤，即使你並不是這樣的人，也會降低他人對你的信任，並有可能在關鍵時刻對你造成傷害。這種負面品牌形象往往難以改變，就像我們對某些品牌的信任被損害後很難再恢復一樣。因此，在做人處事時應格外小心，因為有時一個錯誤可能會影響你的一生。

第二種方法，是積極地強化自己的品牌形象，就像商品進行廣告宣傳一樣。人的品牌宣傳有許多方法，例如：故意創造一些事件使其成為話題或被人談論，但這通常比較困難且需要花費大量心思。相反的，更簡單的做法是發揮自己的長處，避免暴露自己的短處。當一個人的優點顯而易見時，別人往往不會太在意他的一些小缺點，就像有些人工作能力強，但自我保護的意識也強，於是有人就欣賞他的工作能力，但不在乎他自掃門前雪，「工作能力強」就成為他的品牌。因此，當你的優點成為你的品牌時，它將會深入人心，難以被取代。

人的品牌和商品的品牌一樣，只要保持品質，就能贏得消費者的信任，從而建立起良好的品牌形象。

2.

名聲的正確追求

人們對名聲的追求，如果超越了限度、理智的範疇時，往往會迷失自我。不再是你想要做什麼就去做，而是名聲要求你做什麼，你不得不去做。

有句諺語說：「名聲躲避追求它的人，卻去追求躲避它的人。」這句話的背後，著名哲學家叔本華解釋得深入淺出：「這是因為前者過分順應世俗，而後者能夠大膽反抗的緣故。」

20世紀初，巴黎舉辦了一場引人注目的小提琴演奏會，這場演出對於追求名聲的人形成了強烈的諷刺。一位技藝平平的小提琴演奏家計劃舉辦獨奏會。為了出名，他想出了一個計策，邀請了被譽為「音樂大師」的喬治·艾涅斯科來為他伴奏。艾涅斯科是羅馬尼亞的知名作曲家、小提琴家、指揮家、鋼琴家，但他不擅長伴奏。然而，這位大師為了幫助這位演奏家，不得不請來一位著名的鋼琴家來臨時幫忙翻譜，小提琴演奏會如期在音樂廳舉行。

次日，一家報社以法式的俏皮口吻，寫下了對這場演出的評論：「昨晚的音樂會可謂十分有趣，本應該拉小提琴的人卻彈起了鋼琴，本應該彈鋼琴的人卻在翻譜，而那個應該翻譜的人則在拉小提琴！」

這個真實的故事向人們傳達了一個訊息：一味追求名聲、期望被人看到自己的優點，最終卻可能被人看到自己的缺點。

德國生命哲學的先驅者叔本華曾說過：「凡是為野心所驅使的人，多半不會留下不朽的遺物。反而是那些追求真理與美善、避開虛榮的人，往往得以不朽。」

美國發明家萊特兄弟在成功發明飛機後，名聲傳遍全球。一位記者曾找到他們想要拍照，但弟弟奧維爾拒絕了記者的請求，他說：「為什麼要讓那麼多人知道我倆的相貌呢？」當記者試圖讓哥哥威爾伯講話時，他回答道：「先生，你知道鸚鵡叫得震天響，但牠卻不能飛得很高很遠。」就這樣，兄弟倆視榮譽如糞土，不寫自傳，從不接待新聞記者，更不喜歡拋頭露面彰顯自己。有一次，奧維爾從口袋裡取手帕時，帶出一條紅絲帶，姐姐問他是什麼東西，他毫不在意地說：「哦，我忘記告訴你了，這是法國政府今天下午發給我的榮譽獎章。」

居禮夫人是一位發現鐳的著名科學家，為人類做出了卓

越的貢獻。她對待名聲和榮譽的態度也同樣平和。有一天，她的一位朋友來拜訪她，看見她的女兒正在玩英國皇家學會授予她的金質獎章，感到十分驚訝，忙問：「能夠得到一枚英國皇家學會的獎章，是極高的榮譽，你怎麼能給孩子玩呢？」居禮夫人笑了笑回答：「我希望孩子從小就明白，榮譽就像玩具，只能玩玩而已，絕不能永遠守著它，否則將一事無成。」

就名聲本身而言，存在著好名聲、壞名聲，以及中庸的名聲。人們往往偏愛好名聲，厭惡壞名聲，這是很自然的反應。有些人認為名聲猶如人生的第二生命，而另一些人則覺得失去名聲，等同於生命的終結。

蒙古族還有一句諺語：「寧可折斷骨頭，也不損壞名聲。」這句話表達的意思是：為了維護良好的名聲，人應該做一個堂堂正正的人，不要去做那些有損名聲的事情。名聲雖然是人追求理想、完善自我的必然結果，但不應該成為人生的唯一目標。如果一個人將追求名聲作為自己的生活目標，不斷地炫耀自己，這往往會使其超越理性與節制。

一旦超出限度，失去理智，常常會迷失自我，變得不再是按照自己的意願去做事，而是被名聲所左右，迫使自己去做一些不合理的事情。

3.

遠離名利之爭

　　人皆有名利之心是很正常的，但重要的是要拿捏好分寸，懂得自我控制，不要對名利過於執著。如果過分追求名利，整日為此操心，那麼生活將毫無樂趣可言。

　　順應自己的內心，淡泊名利，並不是被動地順應命運，而是積極面對現實、勇敢克服困難，並保持樂觀。當現實與理想產生衝突時，不應該消沉不振，而是應該堅強面對挑戰，從失敗中學習並尋找解決問題的方法。特別對於領導者來說，不可對名利過度追求，否則期望越高、失望越大。因為無法超越現實，所以應該勇敢地接受並積極應對，保持樂觀、豁達的態度，這樣才不會被名利所累。

　　當今社會競爭激烈，帶來了巨大壓力。優勝劣敗的原則提醒我們要時刻保持警惕，但同時也要培養順應自然、泰然處之的生活態度。只有這樣，才能在遭受挫折時保持平衡心態，甚至能夠重建信念、振奮精神，開創新局面。

　　如何使自己的欲望平和下來呢？這是一個重要的問題，

關鍵在於個人的處世之道。「仕途雖繁榮，要常思泉下的光景，則利慾之心自淡。」許多古代詩人因仕途失意而選擇隱居，或者尋求禪宗之道來平衡自我。有句諺語說：「知足者常樂。」凡事都應該看淡，才能淡化內心的不平。生活中有得必有失，有失也必有得，這是生活的辯證法則，問題在於如何看待得失之間的平衡。

人們應該努力克制名利之心，培養清心寡慾、淡泊名利的生活態度。

4.
共享榮耀

別獨占榮耀，簡而言之，就是不要威脅他人的生存空間，因為你的榮耀可能會使他人感到自卑，產生一種不安全感。當你獲得榮耀時，如果你能感謝他人、與他人分享、保持謙卑，這會讓他人感到放心，人性就是如此奇妙。

俗話說：「有福同享，有難同當。」當你在工作和事業上有所成就時，這當然是一件值得高興的事情，你也應該為自己的成就感到驕傲。但是，當你的成功不僅是個人努力的結果，而是來自他人的幫助時，你就不能獨占功勞，不應獨自享受，否則你可能有一天會獨自承擔失敗的苦果！

有一位名叫卡凡森的先生是一家出版社的編輯，也是一本雜誌的主編。在工作中，他與同事關係良好，而且很有才華，平時也喜歡寫一些東西。有一次，他主編的雜誌獲得了一個大獎，他感到非常榮幸，向大家展示了自己的努力和成就，當然也收到了同事們的祝賀。但過了一段時間，他突然發現自己的同事，包括上司和下屬，似乎都對他冷眼相待，

137

並避而不與他交流。

　　為什麼卡凡森會遇到這種情況呢？其實原因很簡單，他犯了「獨占榮耀」的錯誤。事實上，這本雜誌能夠獲獎，主編的貢獻固然重大，但同時也離不開其他人的努力，他們也應該分享這份榮耀。如果他們感覺自己沒有得到應有的肯定，只有卡凡森一個人獨享，當然會感到不滿，特別是上司們更可能因此產生不安全感，擔心自己的權力受到威脅。

　　因此，當你在工作中取得特別成就並受到肯定時，請記住一點 —— 不要獨占榮耀，否則這將對你的人際關係帶來障礙。當你獲得榮耀時，應該做到以下幾點：

1. 感謝他人

　　要感謝那些幫助過你的人，不要認為一切都是自己的功勞。特別要感謝上司，感謝他們的支持和指導。即使他們的幫助有限，你也應該表示感謝，這雖然可能有些虛偽，但可以避免成為別人的攻擊目標。很多人在接受獎項時首先感謝他人，這也是有原因的，聽到的人都會感到愉快，也就不會妒忌你了。

2. 與人分享

　　即使只是口頭上的感謝，也是一種分享，你也可以擴大這種分享的對象。當然，別人不一定要與你分享榮譽，但你

主動與人分享，會讓他們感到受尊重。如果你的成就是大家共同努力的結果，那麼你更應該記得這一點。你可以用各種方式與人分享，比如請大家吃些甜食，或者請大家一起吃飯。別人分享了你的榮譽，就不太可能與你為難。

3. 保持謙卑

有些人一旦獲得榮耀，就容易忘記自己是誰、自我膨脹。這種心態是可以理解的，但會給身邊的人帶來困擾，他們不得不忍受你的傲慢，因為你在事業上處於領先地位。然而，當人們覺得被謙卑對待時，就不太可能為難你什麼。因此，當你取得成就時，應該更加謙卑。不卑不亢不容易，但「卑」絕對勝過「亢」，就算「卑」得過分也沒關係，別人看到你如此謙卑，就比較不會找你麻煩、和你作對了。

總之，當你獲得榮耀時，應該正確看待自己的成就，學會感謝他人、與人分享、保持謙卑。如果你習慣獨占榮耀，那麼總有一天，你會獨自承擔苦果！

5.

利益的策略

利益是謀略與行動的根本動機，其區別僅在於大利與小利、遠利與近利之間。正因為利益是核心，成功才變得如此吸引人，因此人們對於謀略格外慎重，思考也顯得異常深入，手段也顯得特別新穎完備。可以說，謀略必須周全才能獲得完全的成功，而完全的成功才能帶來全面的利益。

不論是在戰爭、商業活動、政治奮鬥或尋找工作等方面，對於預謀一件事情，其目的都是一致的：獲取利益。從姜子牙對商紂王的文伐對策中，我們可以看出對於謀求利益的策略。姜太公告訴文王：可以採取十二種方法達到目的：

1. 投其所好，順著他們的意願，使他們變得驕傲自滿，內部互相不買帳，這樣我們就可以加以利用。
2. 接近他的親信，使他們為我們說話，消除敵視態度，這樣他們忠誠之士必寒心引退。
3. 收買他的親信，這樣他們在敵人那裡吃飯，卻心向著我們。這個國家還會長久嗎？

4. 用輕柔的音樂激起他們的狂妄情緒，給他們送大量的珠寶、美女，用甜言蜜語陶醉他們，這樣他們便沒有鬥志了。

5. 尊敬敵國忠臣，同時又離間他們與他們君主之間的關係，使敵國無人愛國。

6. 收買敵國內部官吏，挑撥他們與駐外使節的關係，如此一來，敵國便會把更重要、更有才幹的大臣派出去，國內無人才，再去攻打它則必勝。

7. 直接賄賂敵國君主，承諾給他們大臣巨大的好處，使他們揮金如土，掏空國庫。

8. 收買敵國君主手下重要的人，使他們與我們同謀，維護這種關係的辦法是：不斷給他們好處。

9. 極力推崇敵國君主的偉大，同時製造極煩瑣的事情來困擾他；讓他高談闊論，讓他只想虛名。

10. 我們盡量謙卑地對待敵人，爭取信任、等待時機、取而代之。

11. 封鎖敵國的消息來源，用金錢收買，使他們內部拉幫結派。

12. 培養敵國的奸邪之徒，使敵國君主在泥淖裡行走，最後陷入自滅之災。

　　從姜太公對商紂政權的「文伐十二策」，我們可以看出：第一，這十二策的每一種辦法都指示著明確的利益，使敵人逐漸垮臺，我方靜觀變化，只等有一天坐收漁利。第二，每一種辦法都使自己處在絕對安全的地位上。成功是一種未來利益，從現在到未來，自身安全是根本，沒有自身安全也就沒有未來利益。第三，為了成功，謀略必須全面。

　　對於生存和發展而言，利益應該是確實可見、可觸及的；但也存在著一些看似無利可圖卻仍然謀求的情況。例如在日常生活中，一些過分好勝的人可能會以爭強鬥氣、揮霍金錢的方式，來顯示自己的慷慨大方。同樣地，在歷史中，一些王朝對朝貢者的賞賜也屬於這一類情況。這種心態讓王朝的君臣陷入了自我膨脹的境地，是一種無利可圖的行為，進而導致國家日益陷入困境之中。

　　因此，謀求利益需要注重策略的運用，全謀才能獲得全功，全功才能帶來全利，這是獲取利益的重要保證。

6.

節儉帶來的收益

　　節儉是一個人成功創富的基石，賦予人自立的力量。它能夠使年輕人站穩腳步，激發巨大的勇氣和全力以赴的精神，以達成成功的目標，獲得豐厚的回報。

　　成功大師托馬斯·利普頓爵士曾說過：「有許多人來向我請教創富成功的訣竅，我告訴他們，最重要的就是節儉。」事實上，大部分成功人士都具有節儉的好習慣，任何來自朋友的援助和支持，都無法取代持之以恆的節儉。

　　有一個年輕人去印刷廠學習技術。雖然他家庭經濟寬裕，但他父親要求他每月繳納住宿費。起初，這名年輕人覺得這樣要求太嚴格了，因為他當時的收入僅夠支付這筆費用。然而幾年後，當他計劃自己開辦印刷廠時，他的父親對他說：「孩子，現在你可以把這些年累積的住宿費用，用於你的事業了。我當初之所以這樣做，是為了幫助你存這筆錢，而非真的需要你支付住宿費。」這位年輕人這才明白父親的苦心，由衷感激他的智慧。如今，他已成為美國印刷業的巨頭。

　　這個故事給我們的啟示是：培養節儉和儲蓄的習慣，將來才能享受到成功和財富帶來的利益。

　　然而，仍有許多年輕人認為節儉是不體面的行為，這種觀念實在荒謬。為何要揮霍金錢呢？這難道算是體面的表現嗎？如果能把每一筆錢都用在最恰當的地方，不是更體面？在這廣闊的宇宙中，沒有一樣東西是無用的，都不應隨意浪費。對於寶貴的金錢，我們何以可以如此隨意地揮霍？

　　我們要明白一個道理：節儉其實是一件簡單且易行的事，任何人都能立即實行。你願意陷入貧困嗎？你願意一生屈居人下、不得翻身嗎？誰都不願意，那麼你就一定要養成簡單易行的節儉習慣。

　　俗話說得好：「節儉是你一生受用不盡的利益。」相反的，負債累累、愁容滿面的人，是無權享受這一巨大利益的。對於負債的人，也應該小心迴避，因為他們可能會消耗你的精力，損害你的意志、事業和職位，以及你成功的一切因素。

　　節儉是一種良好的品德，也是一種簡單易行的習慣。善於節儉的人，一生將獲益良多。

7. 美德與財富的追求

　　人們在擁有金錢的同時，必須保持內心的寧靜和應有的美德，這樣才能使我們的生命，達到完美無瑕的境界。

　　創富是在物質和心智上超越現狀、力求達到理想自我的過程。然而在這個過程中，不同個體不可避免地會展現出其獨特的個性，從而影響到參與社會生活的活動效率。

　　創富不僅是一種自我實現的過程，也是經濟哲學的一部分。它研究如何脫離貧困、實現經濟充裕，更重要的是幫助個體建立完善的人格，尋找真實人生的享受之道。心理創富學家拿破崙·希爾認為，擁有真正財富和利益的人，應該具備下列條件：

1. 有積極進取的人生態度；
2. 有強健的體魄；
3. 有大無畏的精神；
4. 對未來的成就充滿希望；
5. 享有良好的人際關係；

6. 有信心和懂得運用信心；

7. 願意與人分享自己的成就；

8. 願意以博愛的精神去工作；

9. 胸襟開闊，能容人容物；

10. 有良好的自律性。

　　我們不難發現，完善的人格才是決定能否創富的根本，而財富的建立只是完善人格的結果。

　　在這新舊交替、社會生活的各方面都在發生變化的時代，沒有充裕的物質條件，心理同樣會受到傷害，所以我們應具備努力賺錢的意識；然而真正健全的人，應該追求金錢的成功，而不是恐懼、緊張、疾病和哀愁。因此，擁有金錢的同時，也要保持內心的寧靜和應有的美德。只有這樣，我們的生命才能真正完美無瑕，也只有如此才能不斷創富。

　　拿破崙‧希爾曾說：「在你從生活中獲得你想要的東西時，你的成就主要取決於那些對你有信心並信任你的人。」這是我們不應該忘記的重要道理。

　　SMZ 公司的總經理瑪麗女士，是一位非常有個性的女強人。她總是充滿熱情、能力出眾、年輕漂亮，對待下屬非常貼心，從不刻意突顯自我。一位記者曾這樣生動地描述她：「不論你來自何方，與她相處時，她總是把你當作是她唯一重要的客人。她的眼神和語言會讓你忘記她是一名赫赫有名

的總經理，而是一位親密的朋友。她會認真聽取你的意見，讓你大膽地表達自己的看法。即使有其他人在場，她也不會因你的身分地位而怠慢你，仍然以同樣熱情對待你。」這種與人為善的特質，彌補了她身上的一些缺點，也是她成功的祕訣所在。

許多人認為，公司的老闆如果表現得謙虛，反而不好，然而事實並非如此。許多成功的管理者，待人接物都謙虛隨和。例如：IMC 公司的總經理在董事會上總是把公司的成功歸功於副總經理，而不是獨享，儘管這些成功多數都是他自己的決策；這正是他的高明之處。

這些管理智慧，對於任何人來說都是可以學習和掌握的，並不深奧難懂。對於任何層次的管理者和創業者來說，都是一種有效的管理手段。

要記住：擁有金錢的同時，不要忘記應有的美德。注重美德可以贏得他人的尊敬和喜愛，這是走向成功的重要因素。

8.

避免無度消費

　　每個人都必須根據自身的收入狀況，來管理生活支出，這是人類生活的基本規律。若揮霍無度、入不敷出、不珍惜金錢，可能會導致一生毀於一旦。若想獲得財富，就必須學會克制慾望，自我約束至關重要。無論收入多少，都要量入為出，盡量節省。

　　許多年輕人經常吹噓自己每月賺很多錢，但卻花得精光，從不存一分錢。這樣的習慣會讓他們在晚年陷入淒涼景況。還有很多年輕人把原本應該用於事業發展的資本，花在時髦嗜好或娛樂上；若能節省這些不必要的花費，積少成多，將為未來打下堅實基礎。

　　有些年輕人一踏入社會就揮金如土、胡亂花錢，似乎不知金錢對事業的重要性。他們花錢的目的似乎是為了顯示自己「有錢」，卻忽略了未來的規劃。他們約會時，都要買昂貴的鮮花或禮物，卻未意識到這種揮霍追求的伴侶，將來不會助其積蓄財富，而是揮金如土。

有些人用錢支撐場面後，面臨種種煩惱。為了維持面子，他們放棄了節儉，甚至有人開始挪用公款，填補財政漏洞。這些人最終可能陷入罪惡深淵，難以自拔。這些喜歡揮霍的習慣可能導致他們挨餓、失去工作，甚至丟了性命。

一位作家指出，我們社會中對「浪費」兩個字的誤解，使人們失去了許多快樂和幸福。造成浪費的原因主要有三種：一，對於各種物品都追求時髦，無論是服飾、日用品還是飲食，都要求最好的、最流行的。二，缺乏自我克制，不管有用沒用，想到什麼就去買什麼。三，有各式各樣的嗜好，又缺乏戒除這些嗜好的意志。

總結來說，這些問題的根源，在於人們從未意識到需要提升自身修養，控制自己的欲望。因此，現代社會追求浮華虛榮的最大原因，就是人們習慣隨心所欲、任意行事。節儉並非吝嗇，但即便是生性吝嗇的人，仍可前途光明。然而，揮金如土、不珍惜金錢的人，可能斷送一生。

揮霍無度終究無法實現遠大的抱負。許多人雖曾努力，但至今仍一貧如洗，主要因為未養成節儉習慣。

9.

名利的真相

　　進取的人透過勤奮努力換取利益，這是一種值得尊敬的人格特質。然而，貪婪的人常常以進取的名義為自己的貪婪行為辯護，他們不顧勞動而只圖不勞而獲，利欲薰心，因此時常陷入無法自拔的陷阱中。

　　從現實生活中可以看到，每個人都在追求自身的利益，希望得到更多更好的東西，這是可以理解的。然而在現實生活中，有些人常常將貪婪與進取，混為一談。貪婪和進取雖然有本質區別，但都表現為追求名利的渴望，都希望得到更多名利。因此，有時人們會將貪婪的行為誤認為是進取，或者以進取的名義掩飾自己的貪婪。

　　有個捕獵經驗豐富的獵人，捕捉猴子的方法非常成功。他在牆上夾一根竹筒，在筒的一端放上一個雞蛋。猴子看見雞蛋後，便伸手進入竹筒中去抓，但一旦手中握住雞蛋，便無法將手縮回來。然而，猴子卻捨不得放下手中的雞蛋，最終常常束手就擒。這種情況比起貪吃的魚還要愚蠢，魚吞下

鉤子後還會試圖吐出來，而猴子卻捨不得放棄手中那可能害命的雞蛋。

有一天，一隻狐狸走到一個葡萄園外，眼見裡面的葡萄水靈靈的，讓牠口水直流。然而外面有柵欄擋住，無法進入。於是狐狸毅然決定絕食三日，經過減肥之後，終於成功鑽進葡萄園內享用一頓。當牠心滿意足地想離開葡萄園時，卻發現自己吃得太飽，怎麼樣也鑽不出柵欄；無奈之下，只好再度餓肚三天，才得以脫困。

狐狸的故事類似於人生的過程，人生就像是一條赤裸裸開始、又赤裸裸結束的旅程。積極進取的態度值得稱讚，然而過度貪婪只會加速這段旅程的終結。

早在 1925 年，美國科學家麥開，進行了一個前所未有的老鼠實驗：將一群剛斷奶的幼鼠分為兩組，給予不同的對待。第一組享受「優惠待遇」，提供充足的食物讓牠們飽食終日；第二組則受到「歧視待遇」，只提供相當於第一組60%的食物，讓牠們餓著。

結果出人意料：第一組老鼠難逾千日，未到中年就早逝；第二組飢餓老鼠的壽命則翻了一倍，享盡高齡才離世，且皮毛光滑、皮膚緊繃、行動敏捷；更引人深思的是，牠們的免疫功能和性功能，甚至比飽足的老鼠更好。

後來科學家拓展了這一類研究，對細菌、蒼蠅、魚等生

物進行了類似的實驗，也發現了類似的現象。經過不斷努力，科學家得出結論：動物一生中能消耗的能量是有限的，一旦超出這個限額，生命便會永久停止。吃得太多會提早達到這個限額；吃得太少則會延緩這一過程。

貪婪的人總是想要得到更多，他們無法滿足自己，結果命運讓他們失去了一切，貪心只會愚弄自己。

有一條細細的山泉沿著窄窄的石縫流淌，不知過了多少年，竟然在岩石上衝刷出一個雞蛋大小的淺坑，裡面填滿了黃澄澄的金砂，天天不增多也不減少。有一天，一位砍柴的老漢來喝水，偶然發現了清澈泉水中閃閃發光的金砂；驚喜之下，他小心翼翼地帶走了金砂；從此，老漢不再受苦受累，每隔十天半月來取一次金砂，日子很快就變得富裕起來。

雖然老漢守口如瓶，但他的兒子還是偷偷發現了父親的祕密，並埋怨父親不應該瞞著他，否則早就發大財了！兒子向父親建議，擴大石縫，增加山泉的流量，這樣就能取得更多的金砂了！父親想了想，自己真是聰明一世、糊塗一時，怎麼沒有想到這一點？

於是他們父子把窄窄的石縫擴寬了，山泉比原來大了幾倍，又鑿深了坑。他們以為可以得到更多的金砂，高興地喝光了一大瓶酒，醉得茫茫然。然而他們每天跑去看，卻每天

失望而歸，金砂不僅沒有增多，反而從此消失得無影無蹤。
他們父子倆百思不得其解 —— 金砂到哪裡去了呢？

　　富有進取心的父子，結果卻只是徒勞無功。實際上，真
正的進取心是靠辛勤工作來換取更多的成果，而不是要求
得更多而不付出更多。進取心不會使人失去理智，但貪心
卻會使人愚蠢失常。貪婪是人性弊病，貪婪者最終只能失望
離去。

六、勝利與挫折：
追夢路上的分叉

1.

成功的境界

在當今競爭激烈的時代，優勝劣敗、適者生存已成為常態。盼望他人的幫助或依賴神靈的恩賜，顯然不合時宜。唯有敢於冒險先行、率先嘗試，才能抓住屬於自己的機遇。

每個人都渴望成功，成功象徵種種美好，意味著人生蓬勃發展；意味著更豐富的生活體驗；意味著贏得讚美和尊重；意味著擺脫各種困擾、恐懼、挫折的束縛；意味著追求更多快樂和滿足，代表勝利，象徵實現自我價值的最高境界。

每個人都希望自己成功，無人樂意一味順從他人、唯命是從；沒有人願意沉淪為平庸之輩，度過平凡的人生。可以說每個人來到這世上，都是為了贏得成功，為了持續成長、不斷進取。人生充滿了挑戰與機會。進退、得失、智愚、榮辱、福禍、強弱、剛柔、難易、有無、生死、勝敗……這些矛盾交織、變幻莫測，隨著人生的旅程而存在，既是挑戰，也是機遇。

如何應對這些挑戰呢？是沿著他人開拓的老路繼續前行，還是靠自己的努力尋找新的出路？面對人生，是每個想要成功的人都必須迎接的挑戰，也是抓住機會的第一要務。若無以此為前提，成功之路將毫無基礎。

老子在《道德經》中指出：「合抱之木，生於毫末；九層之臺，起於累土；千里之行，始於足下。」這種辯證的思維，至今仍具啟迪。他告訴我們：任何事物都從微小處萌芽、由零開始；只有敢於迎難而上、持續努力，才能獲得成功。人們把成功看作是衡量人生價值的標準，它是人類自我實現的需求。

美國心理學家馬斯洛，將人類需求歸納為五個層次：

1. 生理
2. 安全
3. 歸屬和愛
4. 被人尊重與自尊
5. 自我實現

馬斯洛將「自我實現」視為最高層次的需求，是人類充分發揮潛能的心理需求，是追求實現自我的根本渴望。因此，對成功的追求，源於對「自我實現」的心理需求。

當一個人為實現一個既定目標而努力並最終實現時，也許並不一定是真正的成功。成功並不僅僅意味著物質滿足，

也不等同於財富積累或獲得某種虛榮地位。每個人在本能上都努力實現自己的基本需求，但當你的努力僅僅與生理、安全、愛、或自尊相關聯時，你尚未達到完全的成功。因為這只是一種準備、一種鋪墊、一種積累。

如果你把較低層次的需求視為最終目標，當無法實現時會心灰意冷；當達到時會沾沾自喜。因此，你將與成功失之交臂。

成功者在努力奮鬥的過程中，不排斥對較低層次需求的追求，因為自我實現的渴望，往往依賴於這些需求的滿足。然而，成功者對自我實現的動機和需求非常強烈，他們顯示出要充分發揮自身潛能的傾向，要成為他們自己所期望的人。

成功者對自我實現的需求，是一種超越性的動機，即使在某些低層次需求長期未能滿足的情況下，也能給予他們克服困難、戰勝逆境的力量。成功是一種心靈力量，人的潛能是無法估量的，但不是每個人都能充分發揮自己的潛能。這是為什麼呢？因為人們常常無法專注於自己的目標，三心二意。

當一個人專注於目標，或為了一個看似微小的目標而努力時，我們可以看到人類最高層次需求的光芒。自我實現的途徑因人而異，對自我實現的需求的滿足也各不相同。然

而，無論是在體育、藝術、發明創造上取得偉大成就，還是成為理想的母親，都可能成為成功者。

　　成功者必須確立目標，但衡量一個人是否成功，並不總是取決於那些難以企及的偉大成就，也不總是某個巨大而無法達成的具體目標。成功可以體現在夢想成真的結果中，也可以體現在努力奮鬥的過程中。如果在這個過程中真正發現了真實的自我，實現了自我的超越，體會到了戰勝困難和逆境的喜悅，為社會的和諧與發展做出了貢獻，為後人創造了更多成功的機會，那麼，誰能否認你的成功呢？

　　人們在成功過程中將體會到希望、幸福和快樂，因為成功，其實是一種人生境界。

2.

成功的必然性

偶然事件有時僅是成功的一個條件，而非成功的必要條件。真正的成功乃建立在長期的努力奮鬥和不斷思考的基礎上。

許多人的成功看似純粹偶然，但實際上，仔細研究後就會發現，這些成功並非偶然獲得，而是在持續的辛勤努力和深思熟慮之後實現的。

人們常常舉蘋果落在牛頓腳前這個例子，來說明偶然事件對科學發現的重要性。然而人們往往忽略了，牛頓多年來一直在探索重力問題。在這漫長的過程中，他對這個領域內的問題及其相互關係，進行了深入的思考和研究。因此，雖然蘋果落地是一個普通的現象，但對牛頓來說，它觸發了對重力問題的理解和深入探索。因此，成千上萬個蘋果從樹上掉下來，卻很少有人能像牛頓那樣，引發出深刻的定律來。

同樣地，楊格博士從普通的小泡泡現象中發現了光干擾原理，並由此發現了光繞射現象。偉大的發明家們通常是從

普通的現象中發現了不凡的東西，他們的眼光能穿透表面，深入到事物的本質中，從而發現其中的奧妙。

所羅門說：「智者的眼睛長在頭上，而愚者的眼睛長在背脊上。」只有那些具備深刻理解力的人，才能洞悉事物的本質和結構，看見其中的差異，進行深入的比較，抓住表象背後更深層、更本質的內涵。在伽利略之前，許多人看到懸掛的物體有節奏地來回擺動，但只有伽利略能從中做出有價值的發現。

有一天，比薩教堂的一位堂守，給懸掛的油燈添了油後離開；這時，年僅 18 歲的伽利略，出神地看著油燈盪來盪去，從中萌生了計時的想法。此後，伽利略潛心研究了 50 年，終於成功發明了鐘擺，這對於準確計時和進行天文觀測，有著極其重要的意義。

有一次，伽利略偶然聽到一位荷蘭眼鏡商發明了一種儀器，可以清楚地看見遠處的物體。這促使伽利略認真研究這個現象的原理，最終成功地發明了望遠鏡，從而奠定了現代天文學的基礎。

以上這些發明，絕對不可能由那些不費心的觀察者或無所作為的人所創造。有些人走上成功之路，確實得益於偶然的機遇。然而就他們個人而言，他們確實擁有獲得成功所需的才能。

161

3.

思考的力量

　　個人的成敗取決於自身。思想既可以成為摧毀自己的武器，也能成為開創無盡快樂、堅定與平和的利器。

　　只要選擇正確的思想並堅持不懈，就能達到完美的境地；若滿腦邪念，則只能淪為禽獸。在這兩極之間，有各種個性的人，每個人都是自己人格的創造者與生命的主宰者。當思想的主人，我們擁有力量、才智與愛，持有能應對任何處境的鑰匙，使自身得以蛻變和再生，實現願望，打造成功人生。

　　蘇格拉底有一位弟子，向他請教如何得到智慧。蘇格拉底沒有立即回答，反而拿來一個盆，裝滿水，讓弟子把頭放進去，然後用手按住他的頭。過了一會兒，他才讓學生把頭從水中抬起來。這時蘇格拉底問道：「剛才我把你的頭按到水裡的時候，你最渴望的是什麼？」學生說：「能夠自由呼吸。」蘇格拉底說：「那麼，如果你像渴望呼吸那樣去渴望智慧的話，你就會得到智慧了。」

　　同樣的，當我們渴望成功、渴望有所作為時，我們會開始思考。只有充分掌握了自己的思想，無論在哪個領域，都可以取得巔峰成就。這是造就天才的關鍵。天才是那些能充分掌握自己思想、堅定朝著目標前進，不受外在因素影響的人。

　　在個人主義盛行的社會中，個人的快樂和幸福被視為主要目標；在重視群體發展的社會中，則以個人參與和被肯定的程度來衡量成功。然而，無論在何種社會中，我們都應以個人滿足作為成功的標準。因為成功是一種感受、一種追求，它讓我們確認自身價值，體會自我實現的成就感和滿足感。

　　若我們要追求成功，首要之務便是發現自己與眾不同的特質，並據此實踐所追求的目標。只有按照這種獨特特質行事，我們才能達到自我滿意。

　　有個故事講述了一位名叫沙裡的牧師，他決定遵循《聖經》的教誨。《聖經》中有一句話說：「你甚至應該像眾神之神的我一樣完美。」沙裡是位虔誠的牧師和信徒，認為摩西在上帝眼中是完美的典範，於是將其當作學習和追求的對象。然而，他學了一段時間後開始感到困擾，因為他無法像摩西一樣做事，即便做了，也得不到內心的滿足。某天晚上，他在夢中得到了上帝的啟示，上帝對他說：「我的兒

啊，你的靈性和智慧進步迅速，為何仍然困擾？你知道嗎，當你面對我的審判時，我不會以摩西的標準審判你，而是以你自己的標準。所以，為何不努力使自己更完美呢？」從此，沙裡改變了生活的標準，過得開心而輕鬆。

這個故事說明了每個人都應擁有一套屬於自己的標準，並以此標準要求自己，這標準即是我們自身思想的體現。要做到最好，就要忠實發揮自己的優勢，了解自己的價值觀、希望和追求，並在其中找到自我。肯定自己是一種實事求是的表現，同時也是一種向上奮進的願望。願望是成功的根源，目標是成功的基石，只有當我們渴望成功，才能實現成功。如果我們從未想過要成功，那麼成功就難以企及。信念是心中的真理，意念是心靈的火焰，成功來自於思想，思想能夠引導人生。

我們應該堅定把握自己的思想，如此便能獲得成功的智慧。

4. 渴望成功

強烈的願望是成功的起點，就像小火星無法發出太多的熱一樣，微弱的願望也不可能產生很大的效果。每個人都擁有成功的潛能，只是有些人認為自己缺乏這種潛能，因此他們止步於平庸和失敗之中。然而，這種成功的潛能其實隱藏在我們內心，只是尚未被發展到理想程度，或者我們尚未發現。一旦我們發現並加以利用，我們的表現將會截然不同。

成功的動機源於對某一目標的強烈渴望。拿破崙·希爾曾寫道：「只要一個人能想出來並堅信能做到，就一定能做到。」例如：美國作家狄更斯，在 55 歲前從未寫過小說，也從未打算這樣做。然而，當他申請電纜電視網執照時，一個朋友告訴他這個申請可能會被拒絕，於是狄更斯突然面臨著一個問題：「我接下來該怎麼辦呢？」他瀏覽了一些檔案，偶爾為自己寫下一些備忘錄，其中包括了一部電影的基本情節。寫完後，他在辦公室裡靜靜地思索著是否該繼續這項工作。最終，他撥通了電話，打給了他的朋友、小說家亞瑟·海利。

　　「亞瑟，」狄更斯說，「我有一個我認為不尋常的想法，我打算把它寫成一部電影。你認為我應該怎麼把它交給經紀人、製片商，還是任何可以把它變成電影的人呢？」

　　亞瑟說：「按照我看來，你成功的機會幾乎為零，即使你找到某人接受你的想法並將其實現，我想你所得到的回報也不會太多。你確信這真的是一個不錯的想法嗎？」

　　「是的。」

　　「如果你確定，那我要提醒你，你就絕對要堅持賭上一年的時間，把它寫成一部小說。如果你能做到，你會從小說中賺錢，如果非常成功，你還可以把它賣給製片商，這比你的故事概要能帶來的回報要大得多。」

　　狄更斯放下話筒，在房間裡來回踱步：「我是否有寫小說的天賦和耐心呢？」隨著他的思考，對自己越來越有信心。他決定賭上一年的時間。

　　一年三個月後，他完成了這部小說。該小說在加拿大的麥克米倫和史都華公司、美國的西蒙公司、史特和包瑪袖珍圖書公司出版，並在英國、義大利、荷蘭、日本和阿根廷等地出版。

　　最終，這部小說被改編成電影《綁架總統》，由威廉·沙特納、哈爾·霍爾布魯克、阿瓦·加德納和凡·約翰遜主演。此後，狄更斯又寫了五部小說。對此，安東尼·羅賓指

出，如果你有成功的想像力、奉獻精神和能力，你將獲得遠遠超出夢想的成功。

當成功像果樹上那顆尚未成熟的蘋果一樣遙不可及時，我們並不是立即就能成功的。重要的是我們應該擁有成功的渴望，並有一種勢在必得的決心。

5.

信心的傳遞

信心能夠激發潛意識，釋放出無窮的熱情、精力和智慧，進而幫助其獲得巨大的財富與事業成就。因此，有人將「信心」比喻為「成功的傳遞者」。

成功的欲望，是創造和擁有財富的泉源。一旦人們擁有這種欲望，並透過自我暗示和潛意識的激發形成信心，將轉化為一種「積極的情緒」。

在現實生活中，信心與思考結合後，能夠激發潛意識，促使人們展現出無窮的智慧，使每個人的欲望轉化為物質、金錢、事業等方面的有形價值。從某種意義上來說，信心的力量在成功者的足跡中，發揮著決定性的作用。想要在事業上取得成功，就必須擁有不可動搖的信心。

每天都有人開始新的工作，他們都渴望登上事業的巔峰，享受成功的果實。然而，絕大多數人缺乏必要的信心與決心，因此無法實現他們的目標。正因為他們相信自己無法達到目標，所以找不到攀登巔峰的路徑，他們的行動一直停

留在平庸的水準上。

然而，仍然有少數人堅信自己終將成功。他們懷著「我一定會登上巔峰」的積極態度，努力從事各項工作。他們學習成功者的經驗，並付出艱辛的努力。最終，他們憑藉著強烈的信心實現了目標。

羅傑‧羅爾斯是美國紐約州歷史上第一位黑人州長。他出生在紐約一個聲名狼藉的貧民窟，從小就生活在充滿暴力、骯髒的環境中。那麼，是什麼啟發了他的能力，讓他能夠走出貧民窟，最終成為紐約州州長呢？正是信心！

有一天，當羅傑‧羅爾斯像以前一樣從窗臺上跳下來，伸著小手走向講臺時，他的老師並沒有責怪他，而是輕聲地對他說：「我看到你修長的小拇指，就知道將來你一定會成為紐約州的州長。」這位老師並不是一位高明的算命先生，他只是想透過這種方式來鼓勵這些貧民窟的孩子，給予他們信心。

然而，這番話令羅爾斯大吃一驚，因為他長大後只有奶奶曾鼓舞過他，說他有可能成為五噸重小船的船長。這次，老師竟然說自己會成為紐約州的州長，這讓他感到非常振奮。於是，羅爾斯銘記在心，對這番話充滿了信心；信心激發了羅爾斯的能力，從此，他的衣服不再沾滿泥土，說話也不再夾雜汙言穢語，他開始挺直腰桿走路。

在後來的四十多年裡，他從未有一天放鬆對自己的要求，終於在 51 歲時成為了紐約州州長。他在就職演說中說道：「信心值多少錢？信心是無價的，有時甚至可能是一種善意的欺騙。然而只要堅持下去，它就會迅速升值。」

這個故事告訴我們，雖然信心一文不值，只是一種精神狀態，但它能夠激勵我們克服困難，最終走向成功。每個人都擁有獨特的天賦，但很少能在人生旅途中傳承下去，因為缺乏自信。因為不自信，我們常常扼殺自己的才能；因為不自信，我們常常泯滅希望之燭。自信是成功的傳遞者，其中的困難險阻，正是我們自己的心靈。

6.

堅持的希望

　　凡是經得起考驗的人，都因其毅力而獲得豐厚的回報。然而，能夠從挫折中領悟堅持不懈之道的人卻寥寥無幾。這些人承認失敗只是暫時的，他們依靠永不衰退的渴望將失敗轉化為勝利。站在人生的軌跡上，我們目睹了大多數人在挫折中跌倒而無法重新站起。因此，我們只能遺憾地說，缺乏毅力的人，在任何行業中都難以取得成就。

　　「許多人夢想成功，對我來說，成功只有在多次失敗後和對失敗進行反省才能取得。事實上，成功只代表工作的1%，而99%意味著失敗。有1%的希望，就應該堅持！」

　　這是本田宗一郎於1974年在密西根理工大學獲得博士學位時的一段演說。他還將這段話歸納為一個簡潔而富有哲理的忠告，送給那些渴望成功的企業家，他說：「企業家必須善於瞄準不可能的目標，和擁有失敗的自由。」

　　本田宗一郎於1906年11月出生於日本兵庫縣的一個貧窮家庭，家與索尼公司創始人盛田昭夫的家相鄰。盛田出生

在一個擁有網球場的富裕家庭，而本田卻是一個修理腳踏車的窮鐵匠之子。他在年幼時所處的環境，對他試製摩托車的初期有著極大幫助，他的父親在他年少時培養他解決機械問題的能力，在他早期的訓練中扮演了關鍵角色。由於家境貧困，他們 9 個孩子中，有 5 個因營養不良而夭折。

本田是個貧困的學生，經常逃學，對正規的教育感到厭惡；但他對實驗很感興趣，富有啟發性的實驗課，他學得最好，一直熱愛機器和機械裝置。當他小時候第一次看到汽車時，他深受感動，正如他自傳中所描述的那樣：「當時我忘記了一切，跟在車後跑……我非常激動……我認為那時，儘管我只是個孩子，但我已經構想有一天我會製造汽車。」當時，他還不知道自己將不僅擁有這樣一部機器，還將成為生產它們的工業大廠之一。

本田注定比其他人更能改變摩托車和汽車工業。在 1950 年代初期，本田公司終於進入了擁擠的摩托車市場。在短短 5 年內，他打敗了 250 個競爭對手，實現了他童年時代製造更先進汽車的夢想。本田承認他犯了錯誤，正如他在密西根理工大學獲得博士學位時所演講的：「回顧我的工作，除了錯誤、一系列失敗和後悔外，什麼都沒有。但有一點讓我感到自豪，那就是我從未在困難面前退縮，即使只有 1% 的希望。」

希望就像黑暗中的燈光，有時可能微弱，但只要我們用心堅持，不讓它熄滅，它依然能為我們指引前進的方向。

7.

面對失敗的勇氣

許多人都害怕失敗，害怕犯錯，害怕做出錯誤的決定，害怕結果不盡如人意，所以乾脆放棄嘗試。結果呢？他們因為畏首畏尾，什麼事都做不了，只是坐下來等待，因此失去了開創幸福人生的機會，看著成功白白從身邊溜走。

怕失敗的人，實際上是不可能成功的，因為他們從來沒有嘗試過任何可能性，也沒有給自己成功的機會。只有親自動手去嘗試，體驗從未有過的事情，才能取得成功和進步。實際經驗越豐富，成功的機會也會越多。只有掌握自己的命運，持之以恆地努力奮鬥，才有可能取得成功。

成功的人都知道，世事難料，不會事事順心如意。人生的旅程中，失敗時常伴隨。你可能試了半天也一無所成，也可能努力了一生，卻得不到你期望的結果。

你可能未能獲得夢寐以求的工作，也許該加薪的時機卻未能如願，也許本來看好的生意卻泡湯了，也許最重要的客戶選擇了其他人，事情往往都有美中不足之處。在犯錯時，

173

你一定會感到非常沮喪！

　　任何成功的商人，都不可能每一次都談成生意，即便是最出色的運動員也無法每場比賽都勝利。失敗只是生活的一部分，並不是什麼大不了的事情，每一個追求理想的人，都應該有面對失敗的心理準備。最重要的是：失敗之後，你打算怎麼做？

　　有一位朋友曾說，失敗是人生的常態。他說在每一次抉擇之前，他都會考慮失敗的可能性。當他分享這番話時，這包含了多年來他在人生路上的體驗。

　　很多年前，這位朋友曾是一家國有餐飲公司的總經理，他培養了許多部門經理，將自己的經營理念傳授給他們，分享自己實踐中的經驗。然而，最終這些由他一手培養的人與他分庭抗禮，使用他所傳授的方法與他競爭，最終將他經營的飯店擊敗。經過一段短暫的挫折後，朋友又重新開設了一家飯店，雖然吸取了過去的教訓，但他依然以誠實的態度對待每一位員工。在大家共同努力下，飯店業務更加興盛。

　　每當提及這些經歷時，這位朋友總是很開明地說：「商場如戰場，而人性中本來就有一種可變的成分。我不會指責任何人對我不利，我認為在開始做任何事之前，應該考慮到人性中的變化。人生就是一連串嘗試與錯誤的實驗過程。當我們學會某事後，就輪到自己去試著做了。或許第一次不會

達到理想的結果，所以我們要不斷地嘗試，第二次、第三次、第四次⋯⋯經驗越多，成果越好。然後，我們再挑戰更高的目標。每次成功都會提升我們的標準，成功後的滿足感也會更強烈。只有這樣，我們才能提高視野、超越競爭對手。之後我們繼續嘗試，不斷挑戰更高的境界。失敗和成功一樣，都是人生的一部分，就像輸與贏一樣，也是生活的一部分。重要的是要思考，如何不再同一個地方跌倒。正因為如此，我經常覺得成敗是一體的，失敗讓我們看到自己的弱點和缺陷，以及需要改進的地方。」

想要達成目標、滿足渴望、實現夢想，你一定要付諸行動。「失敗」是嘗試某事卻未達到理想結果，而「怕失敗」則是另一回事。這種恐懼可能會讓你束手無策、一事無成、終生懊悔。

只有努力去做，才能不斷精進，偶爾的失敗只是成長的過程。真正想成功的人，不怕失敗。

8.

失敗與成功的共生

　　成功往往伴隨著失敗，而失敗也時常伴隨著成功，人生就是這樣一個充滿起伏的旅程。就像繁花中的花朵，有著盛開耀眼的時刻，也有蕭瑟黯淡的日子。當面對挫折或失敗時，我們既不應該沮喪，也不應該放棄，而是要把逆境看得更遠、看得更開。

　　人生的路並不平坦，每個人都難免會遇到挫折和不幸。就像在科學史上，偉大的愛因斯坦曾經因三科不及格而落榜，被戲稱為「低能兒」；而被譽為「東方卡拉揚」的指揮家小澤征爾，也曾在一次初出茅廬的指揮演出中被「轟」下臺，接著又被解聘。然而，為什麼這些挫折沒有擊垮他們呢？因為他們始終將榮耀與挫折視為人生歷程中的一部分，視為人生的一種磨練。如果沒有這些挫折和困難，也許就沒有後來的輝煌。

　　19 世紀中葉，美國實業家菲爾德帶領工程師團隊，致力於用海底電纜，將歐美兩大洲連接起來，他因此成為當時美

國最受尊敬的人之一，被譽為「兩大洲的統一者」。然而，在一次盛大的接通典禮上，剛剛接通的電纜突然中斷，人們的歡呼聲轉為憤怒的咆哮，紛紛指責他為「騙子」、「白痴」；但菲爾德對這些毀譽只是淡淡一笑，他不解釋，只是埋頭苦幹。經過 6 年的努力，終於架起了歐美大陸之橋！在慶典上，他沒有坐上貴賓席，而是遠遠站在人群中觀看。

菲爾德不僅是「兩大洲的統一者」，更是一個理性的勝利者。當他遭遇到難以忍受的挫折時，他透過自我心理調節，做出正確的選擇，展現出強大的意志力和自持力，這正是一種理性的自我完善。

人們應該建立經得起成功和失敗的精神防線。成功時，要時刻記得，任何成功或榮譽都不是僅靠自己一人的努力就能取得；失敗時，也不應氣餒，只要你努力過、奮鬥過，就可以毫無遺憾地對自己說：「天空不留下我的痕跡，但我已飛過。」這是泰戈爾的名言。這樣，你就能贏得一片寬廣的心靈空間，不因得失而喜悅或悲傷，把握自我、超越自我。

成功與失敗是相互關聯、相互依存的，在生活中常常交替出現。正確看待這些現象，就能擁有一顆寬廣的心。

9.

失敗的新起點

世間真正偉大的人，在面對各種失敗時保持鎮靜，絕不失去希望。他們的自信精神依然存在，能夠將失敗視為崛起的跳板，從中獲取力量，朝著更高的目標邁進。在狂風暴雨中，那些心靈脆弱的人往往束手待斃。

許多人需要逆境，才能發現自己真正的強項。遇到極大的挫折或生命的重大打擊，才能煥發內在的力量。因此，從這一意義上來說，我們歡迎失敗的到來。

其實，世界上沒有所謂的失敗，除非你自己這麼認定。那種經常被視為失敗的事，實際上只不過是暫時的挫折。這種挫折是一種幸福，因為它激勵我們振作起來，調整努力的方向，朝更美好的方向前進。每一次當我們嘗試但未成功時，都是一次學習經驗，有助於實現最終的目標。當一種方法不起作用時，換個方向嘗試。如果你能把挫折視為經驗的教訓，那麼成功的次數將遠勝於失敗。

愛默生曾說：「偉大高貴的人物最明顯的特徵，是他堅

定的意志，不管環境變化到何種地步，他的初衷與希望依然堅定不移，以達到所企盼的目標。」

有些失敗是極為嚴重，一旦屈服於它，可能輸掉整個人生。在二戰期間，李奇微將軍擔任指揮官時，他發現部隊推進過快，因此遭受了德軍的強烈反擊，但他堅持守住陣地，使得美軍免於被逼入海中，隨後迅速進行了反攻。

當遭遇挫折時，也許你沒有時間來考慮或修正錯誤以避免進一步的失誤，但切勿裹足不前。此刻最重要的是確定自己的目標，並採取行動，儲存你所有的資源和希望。如果你屈服於挫折，將失去自信並且難以恢復。因此，必須堅守原則，最終你會明白，你保住了自身最重要的東西。

失敗是對一個人人格的考驗，在一切都已喪失的情況下，看看內在的力量還剩多少？那些沒有勇氣繼續奮鬥、承認失敗的人，將會失去所有的能力；只有毫無畏懼、勇往直前，永不放棄人生責任的人，才會在自己的生命中取得偉大的進步，從失敗中走向更高的境界。

10.

將挫敗轉為機遇

　　人生中，失敗是難以避免的，但它並非成功的終結。有時候失敗是因為我們需要在通往成功的道路上學習，需要獲得更多寶貴的經驗和教訓，因為我們尚未變得足夠堅強。

　　失敗只是成功的前奏，是完善自我的一種特殊方式。只要我們真正從失敗中了解自己的不足，善用失敗帶來的教訓和經驗。那麼，我們會發現：失敗並非絕望的深谷，而是黎明前的曙光。失敗讓我們更清楚未來的路該怎麼走、如何遠離失敗。如果我們能明確認知到這一點，並堅信自己的能力，那麼失敗就成為了我們邁向成功的機會。

　　失敗也許是最令人畏懼的詞之一。誰會喜歡失敗呢？別說「屢戰屢敗」，就算是一兩次失敗，都可能讓我們感到元氣大傷，損失了精力、時間和金錢。

　　失敗帶來的感受之一，是自卑。我們可能會覺得自己無法成功，認為成就事業是屬於那些有特殊才能或幸運的人，這使得我們退縮不前，成為了生活的旁觀者。

失敗帶來的感受之二，是懦弱。所謂「一朝遭蛇咬，十年怕草繩」，我們因此變得膽小怕事、畏首畏尾，再也不敢去冒任何風險，成為了十足的懦夫。

失敗帶來的感受之三，是愧疚。我們會時時想：「如果當初我不那麼做，就不會失敗了。」我們會時常後悔自己當初的行為，深陷於自責之中，無法自拔。

失敗帶來的感受之四，是恥辱。在我們看來，失敗是最丟臉、最不光彩的事情。因此，我們可能會想方設法掩飾失敗，不願意承認自己的失敗。有個這樣的笑話：某人與別人下棋，三盤皆輸，卻說：「第一盤，我差點贏；第二盤，他差點輸；第三盤，我讓他了。」就是不說「我輸了」三個字。

失敗真的這麼令人討厭嗎？

明人洪應明說，惡劣的生存環境，包括不公正的待遇、貧困的生活、不能獲得成功的困境，是鍛鍊英雄豪傑的熔爐和鐵砧。那些能夠承受住這樣磨難的人，身心都會受益；反之，身心將會受到損害。用現代的語言來說，洪應明講了一個「鋼鐵是怎樣鍛造的」的道理。

對待失敗，我們也應該如此。失敗是一個既成事實，正確地對待它，受其鍛鍊，我們的身心都會受益；不能正確對待它，失敗就會如同我們剛才談到的，使你自卑、懦弱、愧

疚、推諉、逃避……使你產生生理和心理上的疲乏感，從而
難以著手工作，積極補救或另闢新路，進而促成新的失敗。

首先，我們應該明白，失敗是人生不可避免的一課，我
們不可能生來就知道。我們要長大成人，期間必須經歷許多
失敗。嬰兒學步時，總要摔幾次跤，如果一兩次跌倒就放棄
不起，那他就永遠學不會走路。法國作家雨果曾說過：「盡
可能地少犯錯誤，這是做人的準則。不犯錯誤，那是天使的
夢想。在塵世間，一切都免不了犯錯。」

造成失敗的原因，無外乎主觀和客觀兩方面的因素。有
些失敗是由於我們自身知識水準和能力所限。在這種情況
下，我們需要更加努力，再接再厲。

有個女演員，她原本是一家照相館的女職員，因為長相
漂亮，影視公司聘請她擔任一部影片的重要角色，還把她的
照片登上畫報，準備捧紅她。不料，她第一天拍戲就失敗
了，站在鏡頭前渾身發抖，一句臺詞也說不出。導演耐心地
連試了三次，她都發抖，只得作罷。第一次的明星夢破滅
後，她並沒有自卑自責，也沒有放棄夢想，而是以積極進取
而又穩健謹慎的態度，認真分析失敗的原因，發抖是因為自
己缺乏表演基本功，心虛膽怯是根本原因。於是，她加入業
餘劇團，在舞臺演出中磨練基本功，累積經驗，準備再次嘗
試。她還參加了戲劇學校、演員培訓課程。後來獲得了不少

演出機會，成了大明星。

英國詩人波普說：「並非每一個災難都是禍。早臨的逆境常是幸福。經過克服的困難，不僅給了我們教訓，並且對我們未來的奮鬥有所激勵。」

美國作家愛默生曾說：「每一種挫折或不利的突變，都帶著同樣或較大的有利的種子。」如果上官雲珠沒有經歷失敗，第一次拍攝就取得了「順利」，而其實她的演員基本功很差，那麼，她可能只能成為一個曇花一現的「明星」，而不會有後來真正的輝煌。

印度聖雄甘地曾言：「矛盾和不幸並非最壞的事。有什麼樣的經驗，結果就成為什麼樣的人 —— 經驗越豐富，一個人的個性就越堅強。」甘地為爭取印度的獨立，持續提倡非暴力抵抗，與英國殖民主義進行了多年鬥爭，期間多次身陷囹圄。然而，這些挑戰並未使他屈服，反而更加堅定了他的鬥志，也讓他累積了豐富的經驗，最終取得了勝利。

在面對困難時，只要奮起對抗，便能讓脆弱的筋骨變得強健 —— 希望就在恐慌的黑夜中迸發，信心也就在失敗和挫折之中，慢慢凝聚。

11.

自我挑戰

　　明人呂坤說：「使我消滅的，正是我自己。」人不被自己消滅，還有誰能消滅他呢？負面的心態和行為，會導致我們走向失敗甚至毀滅；而積極的心態和行為，則能帶來成功和幸福。

　　我們的一切行動和情緒，都與我們的心態一致。如果你認為自己是失敗者，你就會採取失敗者的行動；即使你努力想要成功，即使擁有許多機會，你也會失敗。如果你覺得自己倒楣，你就會一直找證據證明你的不幸。

　　1862 年 9 月，美國總統林肯發表了將於次年 1 月 1 日生效的《解放黑奴宣言》。在 1865 年美國南北戰爭結束後，一位記者去採訪林肯。他問：「據我所知，上兩屆總統都曾想過廢除黑奴制，《宣言》也早在他們那時就已起草好了，可是他們都沒有簽署它。他們是不是想把這一偉業留給您去成就英名？」林肯回答：「可能吧。不過，如果他們知道拿起筆只需要一點勇氣，我想他們一定會感到非常懊悔。」林肯

說完就匆匆離開了，記者一直不明白林肯這番話的含義。

直到 1914 年，即林肯逝世 50 年後，一位記者在林肯留下的一封信中，找到了答案。信裡，林肯講述了自己童年的一個故事：「我父親以較低的價格買下了西雅圖的一片農場，地上有很多石頭。有一天，母親建議搬走這些石頭。父親說，如果可以搬走的話，原來的農場主早就把它們搬走了，也不會把地賣給我們。那些石頭都是一座座小山，與大山連在一起。有一年，父親去城裡買馬，母親帶我們在農場幫忙。母親說，讓我們把這些礙事的石頭搬走，好嗎？於是我們開始挖那些石頭，結果不到一會兒就把它們都搬走了，因為它們並不是父親想像的小山，而是一塊塊孤零零的石頭，只要往下挖一英尺，就可以晃動它們。」

林肯在信的結尾寫道：「有些事情人們不去做，只是因為他們認為不可能。但許多不可能，只存在於人們的想像中。」這個故事給了我們很多啟示，它告訴我們，有些人之所以不去做或做不成某些事情，不是因為他們沒有能力，也不是因為客觀條件的限制，而是因為他們的心態。他們內心的想像就先限制了他們，是他們自己打敗了自己。

分析許多人失敗的原因，並非因為天時不利，亦非因為能力不足，而是因為自我心虛，自我成為成功的最大障礙。有些人缺乏自重感，對自己的身材、容貌不能自我接受，時

常感到緊張、尷尬，一味地順從他人，對自己缺乏自信，充滿自我責備、自我嫌棄。有些人缺乏安全感，疑心太重，總覺得別人在背後指責和議論自己，對他人的行為充滿了戒備心，容易產生嫉妒。有些人缺乏勝任感，不相信自己能夠創造、發明，甘心當配角，常常被別人的意見所左右。有些人個性退縮，或虛假地表現自己，以掩飾短處或缺點，誇張地表現自己的長處或優點，追求虛榮。這樣的人，他們真正的敵人正是他們自己。

要取得事業成功、生活幸福，重要的一點是要擁有積極的自我心態，勇於對自己說：「我可以！我相信自己！我是世界上獨一無二的人！」絕不能讓自卑感擊敗自己。

球王貝利在初進賽場時，曾十分自卑。身為一名黑人球員，他擔心著名的球星看不起他。他經常想：「如果他們在場上戲弄我，然後把我當白痴似的打發回家，我該怎麼辦？」所幸貝利最終戰勝了自卑，發現自己原來可以做得那麼好，比任何人都好。

有人說過：「偉人們之所以看起來偉大，只是因為我們自己在跪著。站起來吧！」自卑使你跪下，而跪著的你並非真正的高度。你要相信自己也能創造奇蹟、成就事業，這就是自信，自信會幫助你實現願望。即使客觀原因使你未能實現願望，你可以自豪地說：「我雖然失敗了，但雖敗猶榮，

我沒有愧對我的生命，我展現了我的價值。」

　　每個人擁有的自我想像不同，結果也會不同。成功的自我想像將走向成功，而失敗的自我想像則注定走向失敗。

12.

失敗的迂迴

　　失敗對我們具有積極的警示作用。當我們試圖達到某個目標時，失敗會提醒我們注意調整計畫、方法和步驟，以更快地接近甚至實現目標。

　　失敗的警示作用能告訴我們，原先設定的目標可能不切實際、無法實現，必須盡快放棄並重新選擇目標。在這種情況下，放棄是明智的選擇，而不應該執迷不悟，陷入無盡的挫折中。

　　我們常說：「失敗為成功之母。」然而，我們不能機械地理解這句話，對失敗需要進行科學的分析：它是在提醒我們「此路不通」，還是在告訴我們只要繼續前行就能成功？因此，對於失敗，我們有兩種選擇：一是勇敢地繼續嘗試，不達目的誓不罷休；二是放手退出，尋找新的機會。在做出選擇時，必須權衡利弊，考慮到生命和精力的有限性，當連續多次衝擊未見轉機時，修改目標或暫退一步，積蓄力量是最明智的選擇。

　　有位作家的經歷值得借鑑，她 34 歲才開始學習寫作。有人問她：「假如妳在投稿時，一投不中，二投不中，三投不中，會怎麼辦？」畢淑敏回答：「三投不中，就算了，因為我已盡了所有的努力。如果一投不中，我會想是不是編輯的眼光問題，我可能要找其他編輯部。如果大家都看不中，說明我不是寫作的料，我會急流勇退。」面對挫折，她給出了堅定而現實的回答，顯示了對失敗的理性看待和處理方式。

　　根據美國勞工統計局的數據，大多數人的一生，可能會經歷三次事業生涯，這意味著終生事業不變的情況，已經很少見。面對急遽變化的時代，我們應以冷靜平和的心態面對失敗，細心聆聽失敗發出的警鈴聲，此時或許「繞道而行」，才能登上成功的巔峰。

七、歡樂與痛苦：
心靈的良藥

1.

尋找快樂

快樂是一種境界，是你自己進入並領悟的一種狀態。它不在於個人擁有的物質，而是在於對生命意義的真正理解。快樂是生命的唯一意義，沒有快樂，生命將充滿悲苦和哀傷。

快樂是一種思維方式。擁有快樂的思想，你就是一個快樂的人；反之，思想不快樂，你將永遠難以感受到快樂。

快樂是一種情感，懂得控制情感的方法，你就能站在快樂的一方。快樂也與個性有關。有些人天生悲觀，要追求快樂對他們來說是困難的。然而，閱讀和經歷可以增加智慧，一旦變得豁達，快樂也就隨之而來。

快樂的境界有高有低。從工作中獲得快樂，是最高層次，其次是因為付出而得到的快樂。這些快樂與貪得無厭的快樂相比，有著天壤之別。

在現代社會中，我們需要學會享受獨處的快樂。閱讀、欣賞音樂可以讓心靈平靜，而一顆平靜踏實的心靈也是快樂的泉源。

　　快樂時常伴隨著悲傷，因為悲喜常常一線之隔。悲苦的童年往往是未來快樂的積累，成為中年以後的寶藏。古語有云：「吃得苦中苦，方為人上人！」這至今仍是真理。相反的，過度享受而不勞而獲，老年將充滿苦澀。辛苦和快樂是一體兩面，不經歷痛苦，難以體會真正的快樂。

　　快樂與幸福有所區別。幸福是由命運和境遇帶來的，而快樂則需要我們主動追求。透過努力追求得來的快樂，就像辛苦播種的果實，屬於「種瓜得瓜，種豆得豆」的結果。然而，快樂如春風般舒適，但過度的快樂則可能變成颶風，甚至演變成暴風雨，導致悲傷。因此，收穫之日切忌得意忘形。

　　快樂其實很簡單，只要不忘在心靈深處播下快樂的種子，快樂就會時刻伴隨著你。

2.

心態的選擇

　　一個人是否能活得快樂，取決於內心的態度，而非外在的表現。態度如同磁鐵，不論我們的思想是正向還是負向的，都會影響著我們的行為。

　　思想則像輪子一般，引導我們往特定的方向前進。儘管我們無法改變生活本身，但我們可以改變對生活的看法；雖然無法改變環境，但我們可以改變心態。即使是一個身心障礙者，也可以有自己的快樂生活哲學，使他們不會因為生理缺陷而失去對生活的快樂感受。

　　比爾在一家汽車公司工作。不幸的是，一次意外導致他失去了右眼，經過搶救後仍無法挽回。比爾原本是一個樂觀的人，但此後卻變得沉默寡言。他害怕外出，因為害怕他人注視他的眼睛。他的休假不斷延長，妻子苔絲承擔起所有的家庭開支，甚至又去找了一份兼職。她深愛著這個家庭，努力讓全家回到過去的幸福時光。雖然比爾心中有陰影，但苔絲相信時間會沖淡一切。

　　然而，比爾的另一只眼睛也受到影響，他開始失去視力。一天清晨，比爾問苔絲誰在院子裡踢球，苔絲驚訝地發現他看不到正在踢球的兒子，即使在以前他能看到更遠的距離。苔絲沒有說話，只是走向比爾，輕輕地抱住他。比爾說：「親愛的，我知道未來會發生什麼，我已經預感到了。」苔絲的眼淚流了下來。事實上，她早已了解結果，只是不忍心告訴比爾。

　　比爾知道自己將失明後反而變得平靜，讓苔絲感到驚訝。她知道比爾能見到光明的日子已不多，想為丈夫留下些什麼。於是她每天精心打扮自己和兒子，即使心中悲傷，她仍努力保持微笑。

　　幾個月後，比爾指著苔絲新買的套裙說：「親愛的，你的新裙子看起來有點舊了！」苔絲低聲答道：「是嗎？」她奔到一個他看不到的角落，低聲哭了，因為她的裙子在陽光下格外閃耀。

　　第二天，她請來一個油漆匠，決定重新裝飾家裡，讓比爾感受到家的溫暖。油漆匠工作認真，一邊工作、一邊吹著口哨。完成後，他對比爾說：「對不起，我進度很慢。」比爾卻笑著說：「你每天都那麼開心，我也很高興。」算錢時，油漆匠少算了 100 美元。

　　苔絲和比爾提醒他，但他說：「我已經多拿了，一個即

將失明的人還能如此平靜，你們給了我勇氣。」比爾卻堅持要多給油漆匠 100 美元，比爾說：「我也知道了原來身心障礙者也可以自食其力，生活得很快樂。」原來這個油漆匠只有一隻手。

　　尋找和擁有快樂是永恆的話題，它能使人生土壤裡的生命之花，開得鮮豔燦爛。

3. 生活的擁抱

　　快樂的人明白，快樂不僅是人生中最重要的價值，也是一種生活的態度；然而，那些經常抱怨或活在痛苦邊緣的人，雖然羨慕別人的快樂，也渴望自己能活得快樂，但卻總是無法跨進那扇快樂之門。

　　大多數人一生追逐財富、權力和名譽，卻很少聽到有人說：「我一生都在追求快樂。」因為一般人認為，當他們擁有財富、權力和名譽時，快樂自然就會隨之而來；然而，當他們花費一生的精力去追逐這些目標後才驚覺，快樂並未隨之而來，反而換來了痛苦。

　　追求快樂的生活看似容易，實則需要相當的智慧。那麼，快樂究竟是什麼呢？讓我們看看一位作家的闡釋吧：

　　快樂就是一輩子做自己喜歡做的事。
　　快樂是全力以赴，追求卓越。
　　快樂就是充滿希望。

快樂的人只問耕耘，不問收穫。

每天生活緊張的人，是不會快樂的。

凡事順其自然，不必強求，就能快樂。

人一旦只為錢而做事，那就注定與快樂絕緣。

快樂不是一種興奮劑，而是一種心靈的安定劑。

快樂的人懂得珍惜，他們從不埋怨自己缺少什麼，而會珍惜自己的擁有。

快樂的人勇於嘗試，勇於冒險。

以工作為遊戲時，生命就充滿了快樂；以工作為義務時，生命就變成了無奈。

快樂無所不在，無所不有！

其實，快樂與痛苦，都是由自己造成的。善於發現快樂的人，可以隨時在生活中找到快樂的種子；而那些整天憂愁的人，儘管身邊可能有許多快樂，卻視而不見。如果發現快樂需要智慧，那麼憂愁者所缺乏的，正是這種在平凡生活中找到快樂的智慧。

不快樂的人不僅自己感到痛苦，還常常給別人帶來壓力。他們經常抱怨這個、抱怨那個。但奇怪的是，不快樂的人通常不會承認自己不快樂。

追求快樂確實需要智慧。快樂的人活得充實、瀟灑、

豁達，他們明白生命的無常，隨時準備應對突如其來的災難。很多不快樂的人之所以痛苦，是因為「把自己擺錯了位置」。快樂的人清楚如何安排生活，而不快樂的人則每天都在疑惑自己究竟要做什麼。

我們身邊有很多人，下班後像洩氣的皮球一樣癱坐在電視前，或者沉溺於酒精和賭博中，生活感到無奈。這些人可能把自己的目標放在錢財、地位或者欲望上，由於不知道如何割捨，所求過多，結果陷入痛苦的深淵。

因此，要尋找快樂，就要懂得做出選擇，思考自己把生活放在哪個位置上。心理學家認為，快樂的來源包括「新的刺激」和「不斷超越」，這說明了為什麼有些登山者熱愛挑戰高峰的原因。

快樂是一種生活的態度。即使一個人一生有財、有權、有名，但若缺乏快樂，則此生仍然是虛度的。一位知名作家曾說過：「快樂與哀傷就像兩條並行的鐵軌。」

人的一生，憂苦的時刻常常超過快樂的時刻；然而，這並不意味著我們必須以悲哀的情緒度過每一天。在我們周圍，每天都有不盡人意的消息，難以避免，但為何不去尋找一些令人振奮的事物來鼓舞自己呢？

物質上的節制，能夠為精神上提供更多的空間來豐富生活。此外，物質欲望的滿足程度，往往會隨著時間的推移而

減弱。我們常常感嘆生活的無奈，時常為瑣事而困擾，擔憂這個、煩惱那個。在有限的生命中，每個人都應該保留一些空間去追求自己想要做的事情。快樂，往往存在於人們為實現目標而努力奮鬥的過程中。

人生的終極目標，在於成功和快樂。一個失敗的人生等同於虛度此生，而一個缺乏快樂的人生，同樣也是如此。

4.

微笑的力量

　　時常思考快樂的事情，久而久之，你會發現自己的生活充滿陽光，你的目標隨時都可以達成，整個世界也變得更加可愛。一顆自信的微笑將會從你的臉上綻放出來。

　　微笑象徵著自信，表達了禮貌，也是身心快樂的表現。在我們的生活中，微笑是不可或缺的。微笑猶如春風輕輕吹拂，能夠融化久凍的心靈；微笑就像是一滴甘露，滋潤久旱的心田。假如我們生活在一個沒有笑容的世界裡，那將是多麼可怕、乏味。

　　據說在 18 世紀，有一位紅衣主教患上了可怕的膿腫病、瀕臨死亡，教徒們已經絕望，忙著為他準備後事。恰在這時，主教養的猴子戲謔地穿上了紅衣主教的袍子，在大廳裡模仿著主教的舉止、祈禱等等。主教看到後大笑，病情頓時減輕了一半。猴子一連幾天的表演，竟然挽救了主教的性命。一笑能救命，由此可見微笑的魔力。

　　微笑是一種愉悅的表情，表達了積極向上的生活態度。

對於熱愛生活、積極進取的人來說，微笑是他們最常表露的情感，也是一種高雅的氣質。

微笑散發著無法抵擋的魔力。當你請求別人幫忙時，帶著微笑，別人幾乎無法拒絕你；當你感謝別人時，帶著微笑，別人會倍感溫暖；當你心情鬱悶時，微笑能夠消除煩憂；當你快樂時，微笑會讓你更加愉悅。

微笑可以化解客人的拘謹。當客人來訪時，由於陌生和羞澀，他們往往感到拘束。主人帶著微笑與客人握手，這樣的舉動能幫助客人放鬆情緒，感受到溫暖和親切。

微笑能夠緩解緊張的氣氛。在某些場合，當一個人被另一個人譏笑，或自己犯了錯，氣氛變得緊張時，善於社交的人會用微笑或幽默來轉移注意力、緩和氣氛、化解尷尬。

微笑能夠幫助你委婉地拒絕別人。當你不得不拒絕他人的請求時，以微笑委婉地謝絕，對方往往會心悅誠服。

當兩個人站在我們面前時，一個人面帶微笑，另一個冷若冰霜。那麼，我們會更願意與第一個人交往，因為他給我們一種親近的感覺。行動往往比言語更能傳達感情，一個微笑所包含的涵義是：「我很高興看到你，你給了我快樂，我喜歡你。」

吉姆・丹尼爾是美國著名的企業家，他的「笑臉計畫」讓世人為之震驚與讚嘆。阿爾米公司作為美國鋼鐵公司和國民製酒公司的子公司，長期以來經營不善，幾乎陷入破產邊緣。丹尼爾接手這個陷入困境的企業後，深思熟慮之下，終

於籌劃了著名的「到處是微笑」計畫。

　　他將「微笑」作為公司的標誌，把一個歡樂的笑臉印在所有的廠徽、工作標誌、信箋和信封上。丹尼爾親自騎著車，在各個工廠、營業部之間快速穿梭，給自己下達的命令是「對每個人都微笑」。結果，所有員工逐漸被他所感染。他還命令公司管理層，「如果你看到有人沒有笑容，就請你對他微笑」。

　　阿爾米公司煥然一新。在幾乎沒有增加投資的情況下，生產效率提高了80%。公司上下充滿活力，員工互相關心、互相幫助。外來訪客越來越多，大家都感受到輕鬆愉悅，公司的業務也越來越繁榮。不到 5 年，公司不僅還清了債務，而且獲利豐厚。人們稱丹尼爾的成就為「微笑大捷」。

　　丹尼爾之所以成功，是因為他經過調查分析後發現，公司的問題不在於機制，而在於人際關係的冷漠。因此，他推出了微笑行動，從另一個角度證明了人們對微笑的渴望，這也是在現代社會中，具有強大社交能力者的萬能「通行證」。

　　如果你沒有微笑的習慣，也不用擔心，因為習慣是可以培養的。你可以強迫自己微笑，比如吹吹口哨、哼哼歌曲，讓自己變得開心起來，臉上就會露出微笑。記住這句諺語：「微笑是兩個人之間最短的距離。」

　　快樂的微笑，是保持生命健康的唯一處方，它價值千金萬金，但要得到它，卻不必花費一分錢。

5.

內心的平靜

　　我們的心屬於自己，是內在的唯一主人。當我們將所有負面的情緒與反應隔離在心門之外時，就能找到內心的平靜與喜悅。如果我們能保持理智平和的心境，自然會過濾掉所有對我們不利的思想和情緒，不讓其影響到我們的快樂。要達到這種理想的境界，我們需要拋棄所有消極與否定的思想。因此，保持一顆平靜的心，對於快樂至關重要。

　　身體對於食物的反應，會影響身體的健康；情緒對外界刺激的反應，則會影響心理健康。每天我們所經歷的事情，有愉快的也有悲傷的。這時，一顆平靜的心就顯得格外重要。

　　在生活中，每個人所經歷的事情，無論好壞，事件本身並不重要，重要的是我們對事情的感受和反應。我們每個人都有能力，將不愉快的經驗，轉變成對個人和世界有利的契機。

　　歐·亨利曾因犯罪而被判刑，但他並未因此而放棄人

生，反而投入到寫作中，最終成為英國文學史上不朽的人物。英國作家傑克‧倫敦，將早年的挫折轉化為小說創作，成為全國知名的作家，其作品至今被視為文學的瑰寶。挪威移民努特‧漢生，一生經歷多次失敗，但最終他將這些失望的故事寫成一本書，書名是《飢餓》，贏得了諾貝爾文學獎。

我們必須承受一連串的挫折、失望、打擊和失敗，才能找到真正的自我。像杜魯門曾經是一名失敗的成衣商，但後來成為了美國總統。失敗和打擊大多都可以讓我們發現更多機會，獲得更大的快樂，領悟人生的真諦。

有一位礦工終其一生都在尋找金礦。他的忠實騾子肯負著所有的家當和淘金工具，跟隨著他四處尋寶。有一次，騾子不慎掉進一個洞裡，摔斷了腿。在他試圖把騾子從洞裡拉出來時，意外地發現了世界上最豐富的金礦。

每當我們遭遇挫折或逆境時，可能有一位無形的朋友在默默努力，試圖幫助我們脫離困境。因此，我們應該保持平靜的心態，充滿對未來目標的期待，而不是被過去的挫折和痛苦所困擾。

嫉妒和報復是極為醜陋的情緒。我們不應該讓這兩種情緒干擾我們的平靜心靈。我們要拒絕那些讓我們感到焦慮、嫉妒、貪婪和不切實際的念頭，否則我們將失去內心的平靜。

　　如果某人曾經傷害過我們，這是一個考驗，看看我們是否有偉人的胸懷。如果是，我們會原諒對方，忘記這件令人不快的事情。否則，我們會試圖報復傷害我們的人。然而，這種選擇的結果通常是不幸的，因為報復的舉動常常會回報到報復者身上。

　　將我們的憤怒和痛苦拋之腦後，不要讓它們干擾我們的內心平靜。除非我們自己願意，否則沒有人能夠以任何方式傷害我們，或使我們感到憤怒和痛苦。

　　我們可以完全掌握自己的情緒，過濾不適當的情感和思想。只要保持心靈的平靜，我們就能輕易地塑造自己的內心，實現任何追求。我們無法控制別人的行為或許多引起憤怒和痛苦的外部因素，但我們可以控制對這些行為和情況的反應。

　　真正的幸福常常以痛苦、損失和失望的形式出現；只要保持心靈平靜，我們就能享受到快樂。

6.

快樂的傳遞

　　在人生的旅程中，真正的價值在於踏踏實實地做事，而不是虛榮地做一些表面的大事；在於真心做一些微不足道的善舉，而不是空想著成就非凡的事業。快樂就像一縷溫暖的陽光，它不僅溫暖了他人，也溫暖了自己。

　　將快樂的種子撒播在他人的心田，將真摯的愛奉獻給他人，是多麼高尚、令人敬仰的行為。在佛羅倫斯市的一座公共建築的臺階上，有一位年老的士兵坐在那拉著小提琴，他已殘廢。在他身旁站著一條忠誠的狗，嘴上叼著老兵的帽子，不時有路過的人投幣於帽中。有一天，一位紳士路過，向老兵借了小提琴，調音後便開始演奏。

　　路人被這景象所吸引：在這簡陋的地方，一位體面的紳士拉著小提琴，這場景如此格格不入！人們停下腳步聆聽，音樂美妙動人，使人陶醉其中。捐款數量也隨之增加，帽子變得沉重，連狗都開始發出嗚嗚聲。老兵將帽裡的錢清空，但很快又裝滿。聚集的人越來越多。最後，這位演奏者演奏

207

了《祖國的天空》系列曲中的一首後，歸還小提琴，離開。

一位圍觀者喊道：「這個人就是世界聞名的小提琴家阿瑪德・布切。他出於善意做了這件好事，讓我們向他學習吧！」帽子在人手中傳遞，很快又收集到大量捐款，全部捐給老兵，布切先生一文未取，但使老兵沐浴在陽光中。

另一個感人至深的故事，描述了瑞典卓越的歌唱家詹妮・林德的經歷，這個故事展現了她高尚的品格。有一次，當詹妮和一位朋友散步時，注意到一位老婦人搖搖晃晃地走進了一所救濟院。她的同情心一下子被激發了，於是她也進入了救濟院，假裝需要休息一會兒，希望給這位貧困的婦人一些幫助。然而，令她驚訝的是，這位老婦人馬上開始與她談起她所敬重的「詹妮・林德」。

老婦人說：「我在這世上已經活了很長時間了，在我離世之前，我唯一的心願就是聽聽詹妮・林德的歌聲。」

「那會使妳感到快樂嗎？」詹妮問道。

「是的。但像我這樣的窮人無法去音樂廳，所以也許我永遠聽不到她的歌聲了。」

「請別那麼肯定。」詹妮說，「請坐，我的朋友，聽我唱一首吧！」

她開始歌唱，並且帶著真誠的喜悅，演唱她最擅長的一首歌。老婦人感到非常高興，然後又有些困惑，因為眼前這

位年輕女士竟然告訴她：「現在，妳已經聽過詹妮·林德的歌聲了。」

我想，我們已不需要特別介紹布切和詹妮的偉大。如果你在寒冷的一天遇到像他們這樣的人，你一定會感覺氣溫似乎又上升了幾度，街上的氛圍突然變得更加溫暖。根據比肯斯菲爾德伯爵的看法，一位真正的貴婦或紳士的兩個主要特徵，就是「注重禮儀」和「為他人著想」。

以下是在英國格洛斯特郡一座古老莊園發現的一段話，它被寫好放在一個鏡框中，掛在客廳的壁爐上：

「真正的紳士是上帝的僕人，是世界的主人，是他自己命運的主宰者。美德是他的事業；學習是他的娛樂；知足是他的休息；快樂則是他的回報。上帝是他的父親；耶穌基督是他的拯救者；聖人是他的教友；而所有需要他的人都是他的朋友。熱忱是他的牧師；純潔是他的侍從；節欲是他的廚師；溫和是他的管家；好客是他的僕人；節約是他的會計；仁慈是他的看門人；謹慎是他的搬運工；虔誠是他家裡的女主人，這些人在最恰當的時候為他服務。這樣，整個家都是由美德構築起來的，而他就是這個房子的主人。這樣的人必然會將整個世界帶上通往天堂的道路。一路之上，他努力著，盡其所能，他給自己帶來了靈魂的滿足，給他人帶來了心靈的快樂。」

將快樂傳播給他人，不僅使別人快樂，也使自己更快樂。

擊退壞情緒

壞心情會降低我們的生活質量，影響我們的工作效率，並且可能破壞人際關係的和諧。古語說：「一人向隅，舉座不歡。」當你情緒低落時，周圍的人也難以保持愉快。

印度大文豪泰戈爾曾經說過：「世界上的事最好是一笑了之，不必用眼淚去沖洗。」英國大劇作家莎士比亞也說：「我寧願扮演小丑，在歡笑聲中漸漸老去；我寧願用酒暖胃，而不是用悲傷凍結心靈。」

我們都期望每天都能保持好心情，但現實生活中，我們卻常常被壞心情籠罩。失戀、失業、生意失敗、投資失利、事業挫折，以及與人爭吵等，都可能使我們情緒低落。有時候甚至是微不足道的小事，也足以擊垮我們的情緒，讓我們感到沮喪。作家劉震雲在他的小說《一地雞毛》中描述了一位機構的小幹部，因為一塊豆腐壞了而心情惡劣，進而對妻子發脾氣，整天情緒低落。

壞心情是有害的。首先，它會損害我們的健康。壞心

情可能加速女性的衰老，使我們的表情變得陰沉、增加皺紋、頭髮脫落，甚至導致糖尿病、憂鬱症甚至精神崩潰，縮短我們的壽命。獲得諾貝爾獎的醫學博士亞力西斯·柯瑞爾曾說：「不知道怎麼抗拒憂慮的商人，都會短命而死。」一位西方人說：「煩惱是具有最大破壞力且不利健康的心理惡習。」因此，我們必須克服壞心情，努力擺脫它的束縛。

　　《北京青年報》報導了一些年輕人排解壞心情的方式，稱之為「情緒化消費」。例如：一位名叫丹丹的女孩，收入不到 2,000 元，卻接到男友的分手電話後，獨自逛遍北京的大商場，花了上萬元買衣服，回到家後把東西丟在櫃子裡，抱著毛毛熊痛哭流涕。另一位名叫小張的男子，在被公司解雇後，晚上就滿腹委屈地跑到最昂貴的飯店花了一大筆錢，買最昂貴的酒喝到通霄，最後還被送到醫院，花了一生中最高的醫療費用⋯⋯

　　遇到不愉快的事情時，感到心煩、生氣、心情惡劣，十分正常。我們確實要嘗試化解這些情緒，但不能採取丹丹和小張的方法。他們原本的煩憂沒有消失，反而增加了新的煩惱。以小張來說，清醒後他感覺自己做了非常愚昧的事，單單為了那一晚花掉的兩萬多塊，一整年都無法好好睡覺；每次想起這件傻事，他都要再次陷入情緒低谷。這樣的代價太高，只為了一時之快，卻讓自己陷入深淵。

事實上，化解壞心情最好的辦法，是以超然客觀的態度，看待引發這種情緒的事件。我們應該安慰自己，不要長期困在不幸事件中，而是多去想想那些能讓我們愉悅的事。法國作家大仲馬說：「煩惱與歡欣，僅在一念之間。」英國文學家哈伯特說：「自尋煩惱者，永遠也不會尋不著煩惱」。

卡內基曾說過，在我們的生活中，約有百分之九十的事情是好的，只有百分之十是不好的。如果你想要快樂，就應該把注意力放在那百分之九十的好事上；如果你想要痛苦，就把注意力放在那百分之十的不好事情上吧。

讀讀俄羅斯偉大詩人普希金的詩吧，我們應該像詩人那樣，以樂觀積極的心態，以微笑面對生活中一切不快的事情，包括「豆腐餿了」這樣的小小災難，讓我們每天都保持快樂：

「如果生活欺騙了你，

不要痛苦，也不要憤慨。

不順心的時候就要過去，

相信吧，快樂的日子就會到來！」

用快樂來驅散陰霾，才能提高工作和學習效率，提升生活品質。

8.

面對苦痛

懂得人生真諦的人，會明白歡樂存在的地方。我們不可能完全避免煩惱，但我們不應該讓它們控制我們；我們也不可能沒有痛苦，但我們不應該讓痛苦纏繞著我們、束縛我們。歡樂就是在戰勝痛苦、擺脫煩惱後，所滋長和存續的感受。

人生並不總是按照我們的意願進行。錢鍾書老先生曾用一個具體的比喻來說明這一點：快樂就像是哄小孩吃藥的糖果一樣，是掛在狗鼻子前的骨頭。這裡的「快」字，正顯示了快樂的短暫性。

事實上，人生是我們最好的老師，它幫助我們學習到一些寶貴的生命課程，儘管我們常常學得很辛苦，也很慢。其中一個課程就是 —— 世界並不會盡力討好我們。這是人生的寶貴真理，幾千年來，哲學家一直在辯論人生為什麼如此，但這不是我們關心的重點；我們關心的是人生如何度過。如果我們不了解這一點，盲目地接受現實，我們將永遠無法解

決問題，只會抱怨不滿。一旦我們明白世界並不會竭盡全力討好我們，我們就會開始承擔重任。

　　大約在 2,500 年前，佛祖釋迦牟尼寫下了四字真理：「人生是苦」。也許佛祖是第一個將這一真理記錄下來的人。對於人類而言，人生絕不是一帆風順的，人生是艱難的，一直都是如此，也將永遠如此。

　　生活中充滿了各種各樣的痛苦，這是佛教極為重要的教義之一。在現代心理學中，正確地面對這些痛苦和艱難，是現代心理學家共同關注的問題。如果人們勇敢地面對這些痛苦，就能夠超越它們，並且從中獲得解脫，也就是能夠克服它們。這時候，痛苦就會成為人們精神生活的營養，我們心靈的成長也會因此得到促進和加強。

　　無論我們如何努力，人生都不會是十全十美的。人生中總會留下些許遺憾。因此，我們必須學會接受、面對、包容這些遺憾。無論當下是多麼美好或困擾，我們都必須認清逆順無常、禍福相依的真理。在面對這艱難的人生時，勇氣是不可或缺的。我們將會成為怎樣的人，不取決於生活環境，而是取決於我們的決心。

　　有些人受制於外在環境的限制，當事事順利時，他們信心百倍；但當遭遇困難時，他們就一蹶不振。他們認為命運掌握在星座、命運、偶然、風向或其他無法控制的因素之

中。然而，當悲慘的境遇降臨時，我們也同時有機會做出抉擇：是屈服於命運，還是昂首面對。我們之所以選擇昂首面對，是因為我們樂觀地相信明天會更好，這就是所謂的「樂」，是在苦難中找到的快樂，是經得起考驗、越久越能品味的快樂。當你看到美好的前景時，你就能解放自己，找到快樂；當然，你需要具備勇氣。最大的快樂，是在你實現美好理想之時。

當你事業失敗、感到痛苦和沮喪時，如果你一直只顧著回顧你所失去的，那麼，你注定會被煩惱和痛苦所困擾；但如果你看看現在所擁有的，就會明白當下所面臨的只是困境，這樣你就能受苦而不痛，遇到煩惱也能自在應對，並且很快就能重新振作，有勇氣和活力去面對工作和生活。」

如果我們不了解人生，就難以解決煩惱和痛苦，因為快樂需要智慧去建立。

消散憂愁

　　生活中我們常常遭遇挫折和困難，憂愁成為負面情緒中難以承受的一部分。要擺脫這種沉重，採取一種超然、從容的哲學態度，是解脫之道；同時，行動也是另一良方，它可以有效轉移你的注意力，重拾自信和力量。

　　明代屠隆在《婆羅館清言》中寫道：「若想錢而錢來，何故不想？若愁米而米至，人固當愁。曉起依舊貧窮，夜來徒多煩惱。」屠隆這番話，描述的是生活中再普通不過的場景：家中一貧如洗，錢財不足，主人為此煩惱不已，整晚難以入眠。

　　如果憂愁能帶來好轉，那麼憂愁就值得；若結果是貧困依舊，那就只是增添了煩惱。由此可見，憂愁無益於事。人應該擺脫憂愁的困擾，這是再明顯不過的道理；然而，我們常常因生活中的種種不如意，如財務壓力、事業失敗、天災人禍、負債破產、失戀喪偶、親友矛盾等，而情緒低落，深陷無法自拔的憂愁之中。

　　憂愁是在面對不利環境和條件時，產生的一種情緒壓抑，它承載著沉重的心理壓力，使人感到沮喪、疲憊。我們經常看到那些憂心忡忡的人，臉上總是掛著憂愁之色，不時嘆息唉聲，顯得暗淡無光。他們對任何事都提不起勁，生活成為一種煎熬。如同俄國作家高爾基所言：「憂愁就像磨盤一樣，將生活中的一切美好和幻想，都壓碎成枯燥、單調、刺鼻的煙。」

　　憂愁不僅讓人無法專注於工作，還會使思維混亂、反應遲鈍、智力下降，整天為不如意的事情憂心忡忡；長期處於情緒低潮狀態，自然難以有所成就。憂愁還會對健康造成影響，中醫早就指出「憂者傷神」。長期情緒不佳，必然影響食欲和體質，嚴重的憂鬱症甚至可能輕生。

　　憂愁的情緒不僅無益於事，還會帶來許多負面影響，因此，我們必須努力擺脫它，讓生活充滿快樂。卡內基曾說：「如果一個人能夠將時間都花在以超然、客觀的態度去尋找事實的過程中，那麼他的憂慮就會在所知的光芒下消失得無影無蹤。」

　　總之，要從內心改變消沉的情緒，否則，不知不覺又會陷入憂愁之中，一切努力將付之東流。因此，我們需要盡快調整心態和情緒，採取積極的行動來改變受困的生活。當困境已經克服時，回首往事，你會發現當初那些似乎要壓垮你

的困難，其實不過是一片烏雲。你會感激自己及時調整了心態、採取了行動。否則，你可能還在原地徘徊，而處境更加惡化。讓我們驅散憂愁的烏雲，堅定地面對生活中的一切挑戰；不要嘆息，要行動。

10.

明日再憂

　　我們應該努力地去接受現實生活中的每一件事。如果不如意的事情已經發生，無論你怎樣悔恨和嘆息，都是沒有用的。你唯一可做的是輕鬆愉快地接受它，更加努力地做好你該做的事。如果能做到淡泊名利而又不失振奮精神，就一定會將煩惱扔掉。

　　生活一帆風順，陽光灑滿，是我們共同期望的；但對大多數人來說，這似乎是一種奢望。我們總會遇到大小不同的矛盾、挫折、衝突和不如意的事。對於不幸的人，可能遭遇失戀、失足、失身、失學、失業、夫妻失和、事業失敗等等，這些不如意的經歷容易引發生理和心理的疾患，如失眠、失調、失態、失意、失望……真是「怎一個失字了得」！

　　美國心理治療專家比爾‧利特爾，經過研究認為，一個人若有以下心理或做法，必定會促使你自尋煩惱、無事生非。

1. 盯著消極面：牢牢記住你有多少次受到不公正的待遇，或記著有多少次別人對你說話的態度不友善。只要這樣，把注意力集中在那些不好的、吃虧的事情上，你就會運用這種消極思想來給自己製造煩惱。

2. 做不可能實現的夢：抱有不切實際的希望會讓人心灰意冷，如果你想真正地灰心喪氣，就把自己的目標，設得高不可攀吧！

3. 將別人看得一文不值：運用這條定律的關鍵是首先嫌棄自己，一旦貶低了自己的價值，接下來就會覺得其他人也同樣淺薄，於是對他們不屑一顧，自己變得眾叛親離。

4. 製造隔閡：自尋煩惱的方法之一，是絕不去讚揚別人，不斷地批評、挑剔、埋怨、小題大做。

5. 5.「我早就知道會如此」症候群：如果你一直預料有壞事會出現，它們多半是會兌現的。

6. 滾雪球式擴大事態：當問題第一次出現時就正視它，它就很容易化為烏有；若不及時解決、任由其擴大，最終會讓問題變得更糟，導致憤怒和苦惱。

7. 把別人的問題歸咎於自己：如果你把別人的問題攬到自己身上而自怨自艾，把某些人的責任也通通歸因於自己，那麼不用多久，你就會憂鬱成疾。

於是，我們感到困惑 —— 難道人生就是一場苦難之旅？是不斷承受痛苦和煩惱的折磨嗎？

有些人為了應對這種煩惱，採取了錯誤的方法，例如：借酒消愁、過度依賴安眠藥，甚至沉迷於毒品；也有人迷信諸如「世界末日」之類的歪理邪說。更有甚者，對他人和社會報復……這些方法都不是正確擺脫煩惱的途徑。正如俗語所說：「抽刀斷水水更流，舉杯消愁愁更愁。」非理性的做法只會加重煩惱，最終可能導致自我傷害的結局。

要擺脫煩惱，我們需要尋求正確的途徑，以積極的態度面對生活。如果能夠淡泊名利，就能遠離煩惱的糾纏。保持振奮的精神，即使遇到不幸也能勇敢面對，不至於讓自己陷入精神折磨的深淵。對於因內心或性格原因帶來的煩惱，我們可以透過加強思想修養、調整心理思緒，就能逐漸擺脫苦惱的糾纏。

英國作家薩克雷有句名言：「生活是一面鏡子，你對它笑，它就對你笑；你對它哭，它也對你哭。」如果我們總是以痛苦和悲哀的情緒來面對生活，那麼生活就將顯得沉悶灰暗。相反的，如果我們以快樂喜悅的態度對待生活，包括其中的種種不如意和挑戰，生活將充滿陽光。如果我們能將笑容作為對抗生活困境的良方，那麼，我們一定能從中獲得更多快樂。

八、幸福與挑戰：
日常的細雨

1.

簡單的幸福

　　幸福，是每個人都懷抱著激情去期盼和渴望的心境。然而要實現幸福，並使其長久陪伴，我們必須除去加諸於幸福之上的幻想，揭示其樸實無華的真實面貌。

　　生活中總是會遭遇一些不如意的事情，這是很正常的，它絕不應該改變我們對幸福的感受。要知道，幸福是樸實的，它存在於生活的每一刻，並不一定與物質相關，也無法用量化的方式來衡量。要獲得幸福並不難，只需擁有一顆懂得欣賞、充滿感激、平靜安寧的心。

　　與朋友聊天時，常常都不約而同提到幸福，但卻有不少人覺得自己不幸福。

　　有人說：「依我看，幸福就是能夠隨心所欲。因此，我羨慕那些有豐厚經濟基礎的人，他們無憂無慮，可以盡情滿足自己的心願。」

　　有人說：「我認為幸福就是享受樂趣。我總是覺得很多人比我更幸福，他們嫁給了好丈夫，能幹體貼；他們創業成

功，擺脫了老板的束縛；他們有一份好工作，可以常常外出見識世界。」

有人說：「我覺得，幸福就是心想事成。但你看看我，儘管有個不錯的男友，但他卻在外地工作；儘管有我喜歡的職業，但壓力太大；儘管賺了錢想去巴黎，但卻一直抽不出時間。」

還有很多很多人，述說自己的不幸福……

幸福真的這麼難嗎？為什麼很多人眼裡的幸福，都出現在別人身上？

在洛杉磯的聖莫尼卡海灘上，有一對韓國老夫婦，提著小麻袋朝著海鳥棲息地走去。那一天，天空湛藍、海浪翻滾。我們注意到，在一個高出海灘的土坡上，有許多白色的海鳥起落著。那對老夫婦來到這裡，從小麻袋中取出食物餵養牠們。我們可以看出，老夫婦與這些海鳥很熟悉，因為他們幾乎能叫出每隻鳥的名字，還指點著說哪隻鳥最調皮、哪隻最近做了媽媽。原來，這對老夫婦已經在這裡住了七年多了，七年來的每個下午，他們都會來這裡餵海鳥。「我們覺得這是生命中的幸福時光。」老夫婦說道，「大自然如此美好，我們覺得有義務去回饋。」

現在，回頭再思考「幸福」這個詞。我們是否因為過於物質化，而人為地誇大了幸福的標準，將其當作一件可以炫

耀的外衣？或者說，我們將幸福，跟個人物質欲望的滿足綁在一起，以至於當我們無法滿足時，便產生了不滿？也許，正是因為我們現有的思維方式和處世方式，影響了我們對幸福的感受。

　　當然，生活中仍會遇到許多不如意的事情，但這些不如意不足以改變我們對幸福的體驗。是的，幸福是一種體驗，每一個小小心願的實現，都能帶來美好的感覺。例如：有人認為付出愛是一種幸福；有人覺得與他人分享煩惱是一種幸福；有人認為被某人一直等待著，也是一種幸福……

　　想一想讓我們感到幸福的那一刻 —— 第一次見到大海，站在海邊久久地享受著溫柔的海風；在旅途中又餓又累，吃了一頓香噴噴的飯；炎炎夏日的午後，坐在清涼的家中做自己喜歡的事；和男友重修舊好，他輕輕地給了你一個承諾……幸福的瞬間實在太多了。

　　幸福是樸實又簡單的，擁有幸福並不難，它在於你如何去體驗和理解幸福的真正內涵。

2.
幸福的本質

　　人生之路既漫長又短暫。當我們投入生活，熱愛生活、熱愛自己，以及熱愛一切美好的事物時，我們就抓住了人生幸福的核心祕訣。

　　人生追求的幸福究竟是什麼？或者說，人活著到底是為了什麼？這是關於幸福話題的核心所在。或許你從小就在思考這個問題；或者偶爾想想，然後繼續做那些簡單而無聊的事情；或者你一生將盡，卻沒有發現自己一直在追求什麼。

　　我們從小到大再到老，好像都是在追尋幸福。但是，又有多少人能說清楚幸福是什麼呢？這是一個既簡單又複雜的問題。

　　為了追尋幸福，我們大都在不同階段有過類似的設想：小時候，最想得到父母和別人的寵愛；長大後，最想考上理想的大學；成熟後，希望自己擁有更多，包括金錢、豪宅、名車等等。然而經過多年的努力，這一切都變成了現實，但人們卻發現原來自己並不比其他人更開心。這是為什麼呢？

是我們對未來沒有希望嗎？是我們對人生的終極價值，缺乏應有的估計？是自己獲得的僅僅是一種虛幻的夢想？還是我們來到這個世界本來就是個錯？

有專家說幸福 =P+(5×E)+(3×H)。這裡的 P 代表個性，包括世界觀、適應能力和應變能力；E 代表生存，包括健康狀況、財政狀況和交友情況；H 代表更高一層身為，包括自尊心、期望、理想和幽默感等。他們說這就是「人生面臨的最大的疑團」：幸福的祕密，是你擁有或即將擁有的幸福，就等於你現在或以後的個性，加上你的生存狀況，再加上你的理想。你的得分越高，那麼你就越感覺到幸福。

有一位朋友曾經感慨地說：「我真正理解人生，是在我經歷過一些事情後。與這些事情相關的，有三個人：

第一位是我的啟蒙老師。他是一位重傷殘退伍軍人，一生未婚，把一輩子都奉獻給山區和山裡的孩子。他每天都微笑著，早早起床，為住宿的同學燒水、做飯。飯後，就開始上課。在小山村裡，他那爽朗的笑聲充滿了好幾個年級、幾十個孩子的歡樂與夢想。歲月匆匆，我們都長大成人，也都有了自己的工作。每次去看他，總能見到他慈祥地注視著我們。我們問他，是什麼讓他如此快樂？他笑著說：『因為生命。』

第二位是我家附近的老中醫。他是孤兒，年輕時妻子溺水身亡，後來辛苦帶大的兒子又因車禍成了植物人。路過他

家時，總會看到他坐在凳子上，臉上總是帶著笑容與兒子交談。街坊都說他這輩子命真苦，但他卻說：『想想就那麼幾十年。』

第三位是個陌生人。每天黃昏，他總喜歡到我大學附近的江邊釣魚。每一次，我都注意到他非常認真，卻幾乎每次都沒有魚上鉤。當我問他為什麼這麼執著時，才發現他的釣竿本來就沒有魚鉤。他說：『結果並不重要。』」

認識他們的時候，我正經歷著青少年階段的三個「不幸」：貧窮、成績差、失戀。然而，他們無意或有意的行為已清楚告訴我：人應該學會積極享受生命，同時要弄清楚自己到底想要什麼，以及如何實現自己的夢想。

每個人總會或多或少遭遇不如意，那麼如何讓這些不如意減少到最小程度呢？許多成功者具備一些成功的要素：保持健康的個性、擁有健全的世界觀、適應能力和應變能力；持續維持或改變自己目前的生存狀況，包括健康、財務和人際關係；同時保持對更高層次的需求或理想的追求。這樣，你就會投入生活，熱愛生活也熱愛自己。這樣的心態將驅散所有的不快、悲苦和哀傷，讓一種幸福感在心中蕩漾。

對於生活來說，美麗並不缺乏，而是缺乏發現。精神上的快樂只有自己去尋找，當你明白了這一點，無論身在何處，都會感覺如置身天堂。

3.

內心的寶藏

　　如果你擁有一個良好的心態，即使是日常生活中的瑣事，你也會從中獲得極大的幸福；但若你的心態不佳，則任何事情都可能讓你感到痛苦。即使你是一位帝王，若缺乏良好的心態，也難以感受到幸福。因為幸福就是一種自身的感受，它藏在你的內心深處。

　　有人分享了一則感人的故事。他說：「我有個朋友是來自鄉下的女孩，年僅二十，不識字。她曾經告訴我們，她家只有她妹妹識字，現在她妹妹在家鄉讀高中，成績不錯。有一天，她妹妹寄來了一封信，讓我替她念。當我打開信時，清秀的字跡映入眼簾，我讀著讀著，被信中的內容深深感動了。信中寫道，由於家境困苦，她已經退學，在家幫助父母務農。妹妹勸姐姐一定要珍惜工作，不要嫉妒別人的生活，要自強自立，好好活著。其中有一句話是 —— 幸福就是自身的感受。讀完這封信，我的眼眶溼了。一位不到二十歲的女孩，對生活竟有如此深刻的體悟，真是令人動容！」「幸福

就是自身的感受」，這句話說得多麼好！現在，許多人財富橫流，但他們真的幸福嗎？我不這麼認為，幸福從來都不是金錢所能衡量的。

社會往往將人們分為幾個族群，例如：富人、中產階級、上班族、小資族、中低收入者。然而，這種分類僅僅基於金錢收入，無法判斷一個人是否真正幸福。幸福永遠是一種感受，讓我們來欣賞真正的幸福吧！

有位女士談到了她家的一幕：「有時候我感到很累，但看到父母笑容滿面地拿著我織的毛衣，看到丈夫溫柔地為我倒上熱茶，聽到女兒天真無邪的笑聲，我編織時的辛勞一下子就消失了。於是我手織毛衣，丈夫端來熱茶，女兒則依偎在一旁，這成了我家幸福的一幕。」女士用了三個令人動容的詞彙：「笑容」、「溫柔」、「天真無邪的笑聲」，來描述她編織毛衣時帶給家人的快樂，這裡的幸福感真是讓人感動不已。

著名心理學家弗蘭克認為，人的幸福是不能用金錢去購買的。只有當我們在生活中尋求到真正的意義和積極的價值時，幸福才可能作為這種生活的附屬物而產生。這才是真正的幸福，它與單純的享樂格格不入。

在 1980 年代末期，我正在大學讀書，每月生活相當清苦，但卻十分幸福。我們同學之間也時常小聚，我們又說又

笑，彼此交流讀書心得，暢談理想抱負，那種幸福之感至今仍刻骨銘心，讓人心馳神往。我敢說，昔日的那種幸福，今天無論花多少錢都難以獲得。

當一群西裝革履的人，吃完山珍海味後，笑瞇瞇地從飯店裡走出來時，他們的感覺一定是幸福的。然而，如果我們看見一群外地工人，他們在路旁的小店裡，吃著幾碟小菜、喝著啤酒、又說又笑，我敢肯定，此時他們所感覺到的幸福，一定不會少於那些吃山珍海味的人。

一個充滿嫉妒者，是不可能體會到幸福的，因為他的不幸和別人的幸福，都會使他自己萬分難受；一個虛榮心極強的人，也是不可能體會到幸福的，因為他始終在滿足別人的感受，從來不考慮真實的自我；一個貪婪的人，同樣也不可能體會到幸福，因為他的心靈一直都在追求，不會去感受。然而，一旦我們敞開心扉，消除了心靈中的消極心態，我們時時處處都會感到幸福。

著名心理學家馬斯洛，曾動情地描寫了一種普通的幸福感：一位年輕的母親在廚房裡為丈夫和孩子們準備早餐，她轉來轉去，奔忙不止。這時一束明媚的陽光灑進屋裡，陽光下的孩子們衣著整潔漂亮，一邊吃東西，一邊嘰嘰喳喳地說個不停；丈夫正在輕鬆悠閒地與孩子們逗樂。當她注意地看著這一切的時候，她突然為他們的美，深深感動，一股不

可遏止的愛，籠罩了她整個心靈，讓她體驗到了一種強烈的幸福感。一個普通的生活場景，為什麼會帶給她深深的幸福呢？因為她擁有獲得幸福的心態。

古人李漁說得好：「樂不在外而在心。心以為樂，則是境皆樂；心以為苦，則無境不苦。」只有啟用自己美好的心靈，才會獲得甜蜜的幸福感。因為真正的幸福，是建立在人的內心情感之中。

4.

主宰幸福

幸福並不遙遠，它就在我們身邊，只要我們用心去體會，就一定能感覺到它的存在。幸福的表現多種多樣，註解也是多元的，但核心就只有一個：幸福永遠掌握在自己手中。

要學會享受生活，享受當下所擁有的一切，同時也要學會追求更高更好，堅信這是自己所需要的。

在春暖花開的季節裡，我常一個人沿著鐵軌靜靜地走，當火車經過時，風穿過身體，我因此有了想飛的感覺。當累了，我就會獨自坐在路邊，田野裡的野花盡情綻放，蜻蜓輕盈地飛過，溫柔的風撫慰著我的心靈，讓我感受到平淡中的安詳，從而開始眺望遠方。

成長過程中，我總期待著意外的驚喜，但生活卻日復一日地平淡無奇，幸福似乎留在了少年時代的純粹心靈中。面對著世界的複雜，我終於理解了少年時光的可貴。

長大後，我依然喜歡獨自行走，但常常迷失在鋼筋水泥

的叢林中，天空被切割成零碎。偶爾陽光從上方灑落，卻已不易感受到溫暖。當我終於到達渴望已久的遠方時，卻發現自己迷失了方向。年少時的純真幻想，已被都市中纏繞的欲望所取代，無法滿足。

常在夜幕中仰望星空，想像著年少時的伙伴們在何處漂流。愛人的笑容仍在記憶中依舊美麗，時而帶來快樂，時而帶來悲傷。過去美好的片段偶爾閃現，但幸福情感的歸屬卻漸漸蕭條。

於是我低頭、沉默、無語。年少時對幸福的簡單真實定義，彷彿童話故事中王子和公主的出現，注定相遇、注定幸福。可是現實中王子和公主太少，精神上的契合更是罕見。後來，我也投入了美好的愛情中，看著它如樹一般成長，生活中點點滴滴都是翠綠透明的，但在現實風雨中逐漸凋零。我明白了幸福如童話，只是人們內心的期待，雖每天都可以讀到，卻無法把握。

最初對幸福的種種幻想在現實中淪為虛幻，但內心仍執著等待下一次升華。人生在變幻中交錯，許多特別的經歷漸漸平息，偶爾回憶如風掠過，心情起伏。人生似乎是一條無法選擇的單行道，雖想回頭，卻已無法或不願。因此，只得繼續向前。風景詮釋著每一次駐足，路上風雨不斷，陽光下蜻蜓飛過，陌生人相遇時微笑相對。這是一種漸漸消逝的溫

暖，瀰漫心房卻永不散去。

　　於是，在那一刻，我解脫了幸福的束縛，從此心境寧靜。其實，幸福就在身邊，永遠掌握在自己手中。幸福有各種形式的表現，只要用心感受，就會發現它就在身邊、在平凡生活的每一刻。

5.

滿足中的幸福

　　人生的目的是幸福，這份幸福其實不需要向外追求，更不需要向他人索求，它原本就深植於人們內心對生存需求的滿足中。真正幸福美滿的人生來自無法用金錢去衡量的智慧和修養，是一種感到滿足與和諧的狀態或境界。

　　金錢無法購得知識和學問，不能增進人的道德水準和涵養，這一點是絕對無法否認的；否則的話，富人個個都是快活神仙了。人有生理上的需求，所以離不開物質生活。儘管金錢能買到一切物質的東西，可以充實人的物質生活，但人的精神生活，卻不是有了錢便能滿足的。人生在世，重要的不是過得多麼舒服、活得多麼安逸，而是要活得心安理得、快樂充實，充分地發揮生命的價值。

　　小說家杜朗由此感慨到：「生活的每一個正常活動，都帶有某種幸福的成分。」對於某個人來說，你可能是幸福的、滿足的，也可能是不幸福的。決定你幸福與否的因素只

有一點 —— 你是接受積極還是消極心態的影響，這是你所能控制的。

　　曾聽說過這樣一個故事：一個人歷盡艱險去尋找天堂，終於找到了。當他欣喜若狂地站在天堂門口歡呼「我來到天堂了」時，看守天堂大門的人詫然問他：「這裡就是天堂？」歡呼者頓時愣住了。

　　他問守門人：「你難道不知道這裡就是天堂？」

　　守門人茫然搖頭：「你從哪裡來？」

　　「地獄。」

　　守門人仍是茫然。

　　歡呼者感嘆：「怪不得你不知天堂何在，原來你沒去過地獄！」

　　你若渴了，水便是天堂；你若累了，床便是天堂；你若失敗了，成功便是天堂；你若是痛苦了，幸福便是天堂。總之，若沒有其中一樣，你斷然不會擁有另一樣的。天堂是地獄的終極，地獄是天堂的走廊。當你手中捧著一把沙子時，不要丟棄它們，因為金子就在其間蘊藏。

　　對我說來，幸福就是把自己的工作做好，又能擁有輕鬆休憩的時刻。擁有一些熟悉、不需客套的朋友，能夠相互分擔、分享彼此的煩惱、快樂，儘管觀點有所差異，卻永遠相互尊重，這就是幸福。

　　擁有一個舒適的工作間，書架上列滿了各式各樣我所喜歡、對我有助益、啟發的書，筆筒裡都是我所珍愛的文具，四周有綠色植物芳馨圍繞，還有一把坐再久都能覺得舒適的座椅，這就是幸福。

　　冬天泡個熱水澡，夏天與家人大吃冰西瓜，自由閒適地彈奏音樂，這就是幸福。擁有相互了解的人生伴侶，擁有身心的平和與寧靜，不管境況或順或逆，都能知足常樂、惜福感恩，這就是幸福。

　　自覺到每天在人生的各個方面都有所成長，享有一種更具成果與創造性的生活，這就是幸福。與過去和睦相處，將目光聚焦於當下，對未來保持樂觀，對自己及周圍環境或人生目的感到滿足，這就是幸福。

　　人生的幸福大多是主觀的，因而，幸福無所不在。

6.

生活細節的美好

　　要追求幸福，就不能按別人的節奏跳舞，要仔細聽取自己內心深處的聲音，把自己的主客觀條件，像接受陽光和空氣一樣接受下來。絕大多數人都是注定要在平凡中度過自己的一生，幸福其實就滲透在我們生活中點點滴滴的細微之中。

　　美國人總喜歡什麼話難聽就說什麼。明尼蘇達大學一個行為孤僻的博士說，幸福感受取決於遺傳。他指出，一對雙胞胎，即使他們中的一個是 CEO，另一個做水電工，但對人生的滿意程度仍然完全相同，即他們都很幸福或不幸福。這說明一個人的幸福感和他的境遇沒有關係。我相信這個結論會讓很多人氣得吐血，因為這會使他們追逐幸福的努力顯得可笑。

　　我有個醫生朋友，兩年前到一個飯店去開會，一眼瞥見接待小姐十分美麗，便上前搭話。小姐莞爾一笑，用一種很不經意的口氣說：「先生，沒看見你開車來唷。」這位朋友

當即如遭雷擊、大受刺激，從此立志加入有車族。前幾天我
們在一起吃飯，幾杯黃湯下肚後，他告訴我，準備把開了一
年的小麵包店賣掉，換一輛新款的雪鐵龍。我表示欽佩。然
後他問我買車了沒有？我老實地回答他還沒有，而且在看得
見的將來也沒有這種可能性。他同情地看著我說：「唉，一
個男人，這一輩子如果沒有開過車，那實在是太不幸了。」

這頓飯我吃得很恐慌，因為按我目前的收入，同樣買部
雪鐵龍，我得不吃不喝賺好幾年；更糟糕的是，即使我下定
決心，有一天終於買上了車，也許在我還沒有來得及品嘗
「幸福」滋味的時候，一個有私人飛機的傢伙就會同情地對
我說：「一個男人如果沒開過飛機，那實在太不幸了。」那
我這輩子還有救嗎？

這個問題讓我坐立不安了很長時間。如何挽救自己，免
於墮入「不幸」的深淵，讓我甚是苦惱。直到有一天，我無
意中聽到了創立慈濟醫院的證嚴法師，在一次講法時所說的
一段話：「有提籃買菜的女人最幸福。因為幸福其實滲透在
我們生活中點點滴滴的細微之處，人生的真味存在於諸如提
籃買菜這樣平平淡淡的經歷之中。我們時時刻刻都擁有這樣
的體驗，但卻經常忽視了它們的存在。」

我突然開悟。原來我的這位醫生朋友，用一個邏輯陷阱
蓄意誤導我：沒有汽車就不會幸福；你沒有汽車，所以你是

不幸福的。然而這個大前提本身就是錯誤的，因為「汽車」與「幸福」並無必然的關聯。

現在，我們的報紙、雜誌、電視、網路等媒體都在不厭其煩地對大眾進行洗腦：追求成功，緊跟時尚；不惜一切手段地追求財富被視為光榮的，窮人都被視為是無能而被淘汰的一群。在這樣的氛圍下，消費的目的不再是因為需求，而是為了炫耀或是證明自己的身分。生活的形式和內容嚴重脫節，許多人不假思索地接受了「社會公認」的幸福標準，將幸福量化為「擁有兩套住房、一輛汽車、美麗的妻子或有錢的丈夫」等等，他們整天都在為此忙碌，卻始終找不到真正的幸福，而時間卻在焦慮中迅速流逝。

幸福的真正祕訣在於：與其讓外在事物改變自己，不如讓自己去適應外界事物。

7.

自足的笑容

真正的幸福，其實不是讓我們冒著背負終生之憾的危險，刻意去挑剔對方身上那些微不足道的缺點；而是要我們把握好自己手中那顆真實的珍珠，學會包容與珍惜；然後，才能從彼此心靈的和諧中感受到真正的幸福。

曾經聽一位長者講過這樣一個故事：有一個人非常幸運地獲得了一顆巨大而美麗的珍珠，然而他並不感到滿足，因為那顆珍珠上面有一個小小的斑點。他想，若是能夠將這個小小的斑點去除，那麼它肯定會成為世界上最珍貴的寶物。於是，他就下定決心削去了珍珠的表面，可是斑點依然存在；他又削去第二層，原以為這下可以把斑點去除了，然而它仍舊存在。他不斷地削除了一層又一層，直到最後，那個斑點消失了，但珍珠也不再存在了。後來，那個人心痛不已，並因此一病不起。臨終前，他無比後悔地對家人說：「如果當時我不去計較那個斑點，現在我的手中還會握著一顆美麗的珍珠啊！」

　　每當我想起這個故事，就會聯想到另一件事：有一段時間，我幾乎每天傍晚都要到海邊去散步，因此經常會看到一對頭髮斑白的老人，依偎在海邊的一條長椅上看海。他們總是靜靜地坐著，而面上總是掛著一種祥和的微笑，就像是兩尊神態安詳的雕塑。

　　有一天，我好奇地走到他們面前，輕聲地招呼道：「你們也喜歡看海嗎？」老人微笑著朝我點頭示意，然後，指了指旁邊的老伴。此時，我才發現他原來是一位聾啞人，而他的妻子竟然是一位雙目失明的盲人。猛然間，我為自己剛才的失言感到後悔。然而，在這兩位老人的臉上找不到一絲不悅之情。相反地，她竟然以一種極其溫和、坦誠的語氣說：「是啊，我們老兩口經常來『看』海，你一定感到奇怪吧，其實只要心靈間不存在缺陷，我們仍然是兩個正常的人啊！」

　　兩位老人的臉上沒有流露出半點自卑與遺憾，唯有幸福、自足的笑容在他們臉上流露。在那一刻，我恍然從那一對老人的笑容中，找到了幸福的定義。一個成熟的人能握住自己幸福的鑰匙，他不期待別人使他幸福，而是能夠將快樂與幸福帶給別人。

8.

追尋安寧

幸福是一種感覺。一個人的處境是苦是樂全憑自己判斷,這和客觀環境並不一定有直接關係,就像一個不喜歡珠寶的女人,即使身處極度看重虛榮的環境,也不會損害她的自尊;擁有成堆書籍的窮書生,並不想去和百萬富翁交換鑽石或股票;滿足於田園生活的人也並不羨慕任何高官厚祿。你的愛好就是你的方向,你的興趣就是你的資本,你的性情就是你的命運。各人有各人理想的樂園,有自己所樂於安享的世界。

《伊索寓言》中有一個關於鄉下老鼠和城市老鼠的故事:城市老鼠和鄉下老鼠是好朋友。有一天,鄉下老鼠寫了一封信給城市老鼠,信上這麼寫著:「城市老鼠兄,有空請到我家來玩,在這裡,可享受鄉間的美景和新鮮的空氣,過著悠閒的生活,不知意下如何?」城市老鼠收到信後,開心得不得了,立刻動身前往鄉下。到達後,鄉下老鼠拿出很多大麥和小麥,放在城市老鼠面前。城市老鼠不以為然地說:

「你怎麼能老是過這種清貧的生活呢？住在這裡，除了不缺食物，什麼也沒有，多麼乏味呀！還是到我家玩吧，我會好好招待你的。」

於是，鄉下老鼠就跟著城市老鼠進城去。

鄉下老鼠看到那麼豪華、乾淨的房子，非常羨慕。想到自己在鄉下從早到晚，都在田野奔跑，以大麥和小麥為食物，冬天還停在寒冷的雪地上蒐集糧食，夏天更是累得滿身大汗；和城市老鼠比起來，自己實在太不幸了。

聊了一會兒，他們就爬到餐桌上開始享受美味的食物。突然，「砰」的一聲，門開了，有人走了進來。他們嚇了一跳，飛也似的躲進牆角的洞裡。鄉下老鼠嚇得忘了飢餓，想了一會兒，戴起帽子，對城市老鼠說：「鄉下平靜的生活，還是比較適合我。這裡雖然有豪華的房子和美味的食物，但每天都緊張兮兮的，倒不如回鄉下吃麥子來得快活。」說完，鄉下老鼠就離開都市，回鄉下去了。

假如你懂得生活，同時也懂自己，那麼你一定會在生活中，找到屬於自己所安享的寄託。

9.

隱藏的好運

塞翁失馬，焉知非福。若心儀的人棄你而去，不必心痛，因為真愛你的人正等在前面；你很想去的公司沒有錄用你，不必遺憾，說不定以後你去的單位更適合你的發展；即使是誤了班機，也別懊惱，或許你正逃脫了一場冰海沉船式的災難。

故事發生在美國的一個偏遠的小鎮，那個地方有一座教堂。教堂很小，僅有一個守門人。但是據說那裡的上帝很靈，有求必應，因此來求的人很多。守門人看著上帝每天應接不暇，非常同情，就自告奮勇對上帝說：「你下來休息一會兒吧，我來代替你站著。」上帝想了想，同意了。不過他提了一個條件：「當你站在上面時，不管看到什麼、聽到什麼，都不能說話。」這似乎是一個不成問題的問題，守門人欣然答應。於是，上帝走下來，坐在看門人的位置上休息，看門人站到了上方。

每天來祈求的人的確很多，而且提出的要求五花八門，

守門人驚奇萬分，但都忍著不說。直到有一天，先是來了個富翁，求富貴的，走時將一袋錢幣遺失在一邊；接著進來的是一個窮人，他的一家四口處於赤貧之中，來求上帝扶貧，當他站起身時，意外地發現了這袋錢，大喜而泣說：「噢，上帝，你可真靈！」當他拎起錢袋跑走後，又進來一個年輕人，年輕人要出海遠航，來祈求平安。此時，那個丟了錢的富翁匆匆跑回來了，一口咬定是他撿了錢，抓住年輕人死不肯放！兩人鬧得不可開交之際，守門人憋不住開口了……

於是，富翁立即奔出去找那個窮人，而年輕人匆匆起身去趕那班船。當他們都走後，上帝氣憤地站起來說：「誰讓你說話的？你給我下來！」守門人也很氣憤地說：「難道我說的不是真相嗎？」上帝說：「不錯，你說的是真相，但是你知道嗎？那個富翁的錢是準備去嫖妓的，理應丟失；那個窮人一家都快餓死了，那袋錢本可救這一家子；而最可憐的是那位年輕人，本來再等一會兒就沒事了；現在，他乘坐的那艘船，正在沉沒……」

生活中，我們常常會碰到許多令人不愉快的事，但是，你又怎麼就能否認這不是天注定的安排？梁實秋痛失老伴，正是為了給他一個韓菁菁，讓70多歲的他再次迸發創作熱情；林肯討了個悍婦，讓他徹夜不歸，正是為了訓練他的口才，使他日後成了一個雄辯的政治家……

　　我們這些凡夫俗子，其實永遠無法看得很遠，總是有一隻自然的手在撥弄著我們的一生，我們常常要跑得很遠之後，才會領悟到上天的安排。快樂由心而生。我們不必為一時的失落而悲哀，很多看似不幸的背後，往往隱藏著許多的幸運。

10.

重生的機會

　　人生充滿著挑戰與逆境，崎嶇坎坷難以避免。每個結局，無論是勝是敗、幸運或厄運，都是重新出發的起點。在漫長的道路上，挫折和困難時常出現，這時該如何應對呢？無事時要謹慎，有事時要保持鎮靜。

　　明朝末年，史學家談遷經過二十多年的心血完成了明朝編年史 —— 《國榷》。面對這部可以流傳千古的鉅著，談遷心中的喜悅可想而知。然而，他高興沒多久，就發生了一件意想不到的事。有一天夜裡，小偷進入他的家偷東西，見到家徒四壁，以為鎖在竹箱裡的《國榷》原稿是值錢的財物，就把整個竹箱偷走了，從此，這些珍貴的稿子就下落不明。二十多年的心血轉瞬間化為烏有，對任何人來說都是致命的打擊。對於年過六旬、兩鬢已斑白的談遷來說，更是一個無情的重創。然而，談遷很快從痛苦中崛起，下定決心再次從頭撰寫這部史書。

談遷經過又十年的奮鬥，又一部《國榷》重新問世了。這部新作共有一百零四卷，五百萬字，內容比原先的版本更為詳盡精彩。談遷也因此在青史上留下了不朽的名字。

英國史學家卡萊爾也遭遇了與談遷相似的挫折。經過多年的辛勤工作，他終於完成了《法國大革命史》的全部文稿。他將這本巨作的底稿，全部託付給自己最信賴的朋友米爾，期望得到寶貴的意見，以進一步完善文稿。

然而幾天後，米爾憂鬱地跑來，向卡萊爾傳達了一則令人沮喪的消息：《法國大革命史》的底稿，除了少數幾張散頁外，已被他家的女傭當作廢紙，丟進火爐中燒成灰燼了。面對這突如其來的打擊，卡萊爾感到非常沮喪。儘管他每寫一章，就將原來的筆記和草稿撕毀，但他嘔心瀝血的辛勤工作，竟然沒有留下任何可以挽救的痕跡。

卡萊爾並沒有放棄。他平靜地表示：「這一切就像我把筆記本交給小學老師檢查，老師對我說：『不行！孩子，你一定要寫得更好些！』」於是，他買了一大疊稿紙，重新開始辛勤工作。我們現在所閱讀的《法國大革命史》，便是卡萊爾第二次寫作的成果。

困難可以增強你不斷前進的勇氣，推動你邁出更大的步伐，而厄運則可以證明你更加堅強。

九、愛與恨：
　　情感的鍊金術

1.

愛是富足

世界不能沒有愛，愛對於我們就像空氣、陽光和水一樣重要。愛是一宗巨大的財富，是一項寶貴的資源。擁有了這種財產和資源，人生就會變得富有幸福，人生就會步入成功的頂峰。

一個人的生命，若能幫助他人，充滿了喜悅、快樂，才有價值和意義。對人付出愛心的習慣、對人抱持著親愛友善所帶來的喜悅和快樂，才能稱為成功、稱為幸福。我們必須有所「給予」，才能有所收穫，我們的生命才能生長。

有一次，一位哲學家問他的一些學生：「人生在世，最需要的是哪一件事？」答案有許多種，而最後一個學生說：「一顆愛心！」那位哲學家解釋道：「在這兩個字裡包含了所有的意義。因為擁有愛心的人，對於自己能夠自在、自足，能夠做一切對自己適宜的事情；對於他人而言，則是一位優秀的伴侶和親密的朋友。」

一顆善良的心，一種愛人的性情，一種坦誠、真摯、忠

誠、寬容的精神，可以視為一種寶藏。與這樣的富有相比，百萬富翁所擁有的財富，顯得微不足道。懷有這樣良好的心境和精神的人，也許無法捐贈許多金錢，卻能比那些樂於解囊的富翁做出更多善舉。

如果一個人能夠全心全意地為他人服務，無私地付出愛心，他的生命必定會有實質發展。對於人生發展最有幫助的，莫過於從年輕時就培養出愛心以及懂得愛人的習慣。

儘管大量給予他人愛心、同情、鼓勵和援助，這些特質在我們內心並不會因此減少；相反的，隨著我們付出越多，自身也會更加富有。我們給予他人的愛心、善意、同情和幫助越多，我們自己收到的回報也會越多。

人生一世，所能得到的成就和結果，常常微乎其微。其中一個原因，在於我們的給予顯然不夠慷慨，不輕易給予他人愛和幫助，因此，別人也會「以我們之道，還治我們之身」，以致我們也難以輕易獲得他人的愛和幫助。

常常向別人表示親切，常常注意別人的好處、說別人的好話，能養成這種習慣是十分有益的。人類的短處在於彼此誤解、彼此指責、彼此猜忌，我們總是著眼於他人的缺點、缺陷、錯誤而批評他人。假使人類能夠減少或克服這種誤解、指責、猜忌，能彼此相互親愛、同情、扶助，那麼夢寐以求的歡樂世界，就能夠來臨了。

　　我們大多數人都是因為貪得無厭、自私自利的心理，以及無情、冷酷的商業行為，使愛心被矇蔽，而常看到別人身上的缺點，而看不到他們的優點。假使我們真能改變態度，不要一味指責他人，多注意一些他們的長處，則於己於人，均有益處。因為我們的發現，他人也能自覺到他們的優點，因此得到興奮與自尊，從而更加努力。假使人們彼此間都有互愛的精神，這種氛圍一定可以使世界充滿愛和陽光。

　　愛能給予人溫暖，給予人歡樂，同時它也會給自己帶來美好的回報。

2.

自愛的重要

　　只有當我們愛自己時，才能更善於發現自己的長處，進而充滿自信地去開創人生、追求成功。不敢去愛自己，甚至厭惡自己，將使我們喪失自信和自尊，無法獨立自主，最終被排除在人生的舞臺之外。因此，比起其他人，更要愛自己，這是人生成功的基石。

　　日本人種植了一種樹，稱之為日本楓。它生長得非常美麗，造型完美，但高度只有十幾公分。相較之下，在美國加州，有一種樹叫巨木杉，這巨大的樹可以高達將近 83 公尺，樹圍長約 24 公尺，如果把它砍伐下來，足以建造 35 間 5 人住的房屋。然而，當日本楓和巨木杉都還只是種子時，它們的重量都小於 0.01 克。

　　為什麼這兩者長大後差異如此懸殊呢？這是因為當日本楓的樹苗冒出地面時，日本人就會將它從泥土中拔起，並且固定主幹和一些支幹，刻意阻礙它的成長。結果，它成了一種矮小但美麗的樹。而巨木杉的種子則自然落在加州肥沃的

土壤上，受到礦物質、雨水和陽光的滋養，終成一棵巨大的樹。

日本楓和巨木杉無法選擇自己的命運，但你卻有選擇權。你可以按照自己的意願，決定是變得偉大還是渺小，是成為日本楓還是巨木杉。你的自我認知，將決定你成為哪一種人，而選擇的權力，則完全掌握在你自己手中。

自有史以來，數十億人曾在這個地球上生活過，但從未出現過，也永遠不會有第二個你。你是地球上獨一無二的生物，這使你具有極大的價值。因此，在這個世界上，除了你自己以外，沒有人有權讓你感到自卑。因此，你應該為此感到驕傲，並真誠地愛自己、信任自己。

當維克多 15 歲時，他的老師告訴他，他永遠不會畢業，最好是退學去做生意。維克多便牢記這番忠告，在隨後的 17 年間，只從事一些臨時性的工作。由於別人不斷告訴他自己是一個劣等生，因此這 17 年來，他的行為也確實如同一個劣等生。但是當他 32 歲時，卻發生了驚人的轉變。一項測驗顯示，他的智商高達 161，這使他開始像一個天才般有所作為。他連續寫了多本書，取得了多項專利，並成為了一位極為成功的商人。這位曾被勸退的學生，還被選為國際智慧組織的主席，而參加該組織唯一的條件，是智商要在 140 以上。

這個故事讓我們思考，也許至今仍有許多天才就像劣等

生一樣處於閒散狀態，只因有人認為他們不夠聰明。他們過度依賴他人的評價，反而忽視了自己的內心，並否定了對自己的價值，這也充分顯示了他們對自己的愛不夠。

　　成功與快樂的起點，就是良好的自我評價，也就是愛自己。喬愛斯博士是一位非常著名的作家和心理學家。他說：「一個人的自我觀念是人格的核心。它影響著人的行為，包括學習、成長和應變能力、選擇朋友、配偶和職業等。健康、積極的自愛心理和良好公允的自我評價，是成功生活最堅實的基礎。」

　　在你真正喜歡別人之前，必須先接受和喜歡自己。在你沒有喜愛自己之前，所有的動機、設定目標、積極思考等等，都不會對你產生作用。

　　如何才能比別人更愛自己呢？一個重要的方法就是發現自己的優點、發揮自己的專長，自己給自己鼓勵加油。

　　境遇是自己開創的，成功也是自己造就的，千萬別看輕自己。相信自己的能力，有朝一日，你也會成為大家羨慕的成功者。

3.

愛人的能力

如果你不愛自己，不相信自己，那麼你也無法愛別人或相信別人，自愛和愛他人是相互關聯、協同作用的。你給自己的愛越多，你給別人的愛也越多；反之，你給自己的愛越少，你給他人的愛也越少。

生活中有一個觀點，即為了與他人建立積極健康的關係，你必須先與自己建立積極健康的關係。

「自私」和「自愛」絕不是同一回事。實際上，自私是由缺乏自愛引起的。如果你輕視自己的「自愛」，認為它毫無價值，那麼很自然地，你就會試圖透過犧牲他人的利益，來填補那些令人絕望的個人空虛感和挫折感，這就是自私行為的定義。相反的，如果你珍視和重視自己的「自愛」，你的生活就會建立在內心的安全感之上，這種安全感會給予你信心，在行動中無私地幫助他人、樂於奉獻，珍惜和尊重他人的價值。

這個觀點在《聖經》中有所體現：「像愛你自己一樣去愛你的鄰人。」人道主義心理學家 E・弗洛姆對此觀點也有所論述。尊重自己的正直和獨特性、愛自己，與對他人的愛和尊重是密不可分的。在這個意義上，愛是不可分割的：為了你所愛之人的成長和幸福而努力奮鬥，反過來也會提升你愛的能力。

為什麼發展健康且持久的親密關係，是一件如此困難的事情呢？為什麼這麼多人雖然一心為自己打算，卻感到有無法排遣的孤獨呢？這是當今世界所面臨的嚴峻問題。雖然科技迅速發展，資訊無處不在，但親密的人際關係和平靜的獨處卻難以實現，個人生活變得蒼白、空虛、絕望。

在 20 世紀的文學、哲學和流行文化中，人的異化一直是一個持續存在的議題。當人們意識不到對親密和獨處的強烈需求時，或者當他們認為這些需求無法滿足時，他們對個人力量的信心就會大大降低。在現代社會中，缺乏關愛、失去愛心，如果沒有堅定的自愛和穩定的親密互愛關係，就不會有足夠的自信，生活也會因此而變得令人恐懼和憂鬱。正如心理治療專家史蒂芬妮・多瑞克（Stephanie Dowrick），在她的《親密與孤獨》（*Intimacy and Solitude*）一書中所指出：許多情感問題的核心，在於我們沒有意識到，每個人都需要與他人和自己建立親密的互愛關係。

「我們如何愛自己，可以透過我們如何愛他人的方式反映出來：如果我們不了解和信任自己，就無法好好地了解和信任他人。」

因此，你面臨的挑戰是與自己建立一種良好的自愛關係，這種關係應該充滿信任、真誠、尊重、安全、慷慨、靈活、樂觀、寬容、敏感和創造力，因為這是與他人建立良好關係的必要基礎。透過了解自己是誰，以及你成為現在這個樣子的原因，你就能夠做出明智的選擇，將自己塑造成你理想中的人。

愛和信任是健康人際關係的生命線。如果你不懂得愛自己，也就無法真正懂得如何去愛別人。

4.

愛與寬恕

眼睛裡容不下一粒沙，心靈卻要能容納一座大山，容得下五湖四海。愛與寬容緊密相連，因為寬容可以避免誤解，而諒解則是擺脫誤會的最佳方式。

寬容和諒解能讓我們超越愛的失誤。它們不僅是一種態度、一種方式、一種品格，更是一種愛的境界。然而，要達到這種境界並非口頭說說就能做到，它需要生活的磨練、理性的修養和心靈的昇華。

有篇散文中寫道：生活的寧靜和幸福通常都源自於寬容，寬容是生活中不可或缺的一部分，少了寬容也就少了愛。堅持原則同樣是生活中的重要部分。然而，嫉惡如仇則是另一回事。堅持原則與寬容並不矛盾，而在家庭中，更不應該深究什麼是原則。和諧、安寧、理解、融洽、親愛本身，就是原則！如果你愛你的家庭、你的長輩、你的愛人、你的孩子，那麼你就需要向他們施展寬容。

在現實生活中，當對方拒絕你、羞辱你、損害你，當雙

方發生糾紛、衝突，關係陷入困境時，最需要的是豁達、諒解和寬容。寬容可以使枯萎的友情再次發芽；也許，它能在破碎的關係中重新建立一座堅固的大樓；也許，寬容能讓你們走出狹窄的河道，融入廣闊的海洋。總之，愛會在寬容中再次茁壯。

年輕的羅曼·羅蘭愛上了聰慧、秀麗、文雅的索菲亞。有一次，他們在幽靜的溪畔小徑上散步。羅曼·羅蘭看到索菲亞苗條的身材、美麗的容貌，想起往日的美好情景，再也抑制不住奔放的熱情，深深抓住索菲亞的手，向她傾吐了心中的愛慕；但沒想到索菲亞竟有禮貌而又有分寸地回絕了他的求婚。羅曼·羅蘭失戀了，陷入了深深的痛苦之中。

經過長時間的苦苦思索，他覺得：失戀並不意味著放棄宏大的抱負，淹沒藝術才華，泯滅青春火焰；也不應因此消極沉淪、頹唐墮落。愛情逝去，但生活的熱情和勇氣不能消失；愛情逝去，但兩個人之間的友誼不能失去。要做自己「痛苦」的主人，把痛苦也轉化為愛，讓以往的戀愛史，成為人生一頁甜蜜的紀錄。

於是他以自己與索菲亞甜蜜的感情為素材，寫成了平生第一篇散文體小說〈羅馬的春天〉。之後他潛心創作，發表了大量的作品，並且獲得了 1913 年法蘭西學院文學獎和 1915 年諾貝爾文學獎。

　　愛是多種多樣的，失去愛情並不等於忘卻和拋棄愛和友誼，也不妨礙繼續志同道合。他把往日感情和今後保持友誼的渴望，都傾注到給索菲亞的信中，並作了真誠的內心剖白；不久，他就收到索菲亞的回信。從此，他倆經常通訊、無所不談，繼續探索人生和藝術。儘管兩人相距很遠，索菲亞已結婚。但他有什麼想法和問題，都會向他述說，兩人心地無私、肝膽相照，友愛赤誠無瑕。寫信，不但沒給羅曼·羅蘭增加痛苦，反而使他得到了友愛的甘甜與溫暖。羅曼·羅蘭無論多忙，都不會忘記寫信給她，自 1901 年持續到 1932 年，長達 32 年。

　　之後，羅曼·羅蘭將自己給索菲亞的所有信件，編成一本《親愛的索菲亞》，在巴黎正式出版。索菲亞每每讀到這些信時，總是感動得熱淚盈眶、不能自已，慶幸自己此生獲一知音，得到純潔而真摯的愛。

　　學會寬容和諒解，它會使你從沮喪走向成功、從狹窄的河道走向大海，交往更廣泛，心靈更充實，生活更多彩。

5.

堅不可摧的愛

時間的流水或許可以帶走許多東西，像是憂傷、仇恨，但永遠也抹不去最初那份戀愛在心靈上留下的溫馨、美好與感動。那份愛，已如磐石，無法撼動。

世上千般情，唯有愛最神聖；世上千般情，也唯有愛最難言明。無論如何，摯愛之中，必定以愛之心取代恨之念。

當世界文豪雨果 17 歲那年，與門當戶對、年輕貌美的阿黛・富謝訂婚；雨果 20 歲時，兩人結為夫妻。阿黛是個畫家，為雨果生了三男兩女。這原本應是個幸福的家庭，然而到了 1832 年，也就是雨果婚後的第十年，阿黛突然另結新歡，追隨一位作家而去，使雨果十分痛苦，又備受打擊。次年，他結識了女演員朱麗葉・德魯埃，兩人墜入愛河，這才使他那顆傷痛的心得到撫慰。

阿黛離開雨果後，生活並不幸福，經濟一度很拮据，幾乎到了舉步維艱的地步。有一次，她精心製作了一隻鑲有雨果、拉馬丁、小仲馬和喬治・桑四位作家姓名的木盒，到街

頭出售，然而因售價太高，很多天都乏人問津。直到有一天，雨果路過，偶然看見了這木盒，悄悄地買了下來。如今這只木盒，仍陳列在巴黎雨果故居展覽館裡。

法國大思想家盧梭 11 歲時，在舅父家遇到了大他 11 歲的德·菲爾松小姐。雖然她不十分漂亮，但身上散發出的成熟女孩清純靚麗的氣質，深深吸引了盧梭。他們很快就像成年人般，熱烈地墜入愛河之中。然而不久後盧梭發現，她對他的好，只是為了激起她偷偷愛著的另一個男友的醋意，這讓他心中充滿了氣憤與怨恨。盧梭發誓，永不再見這個負心的女子。然而 20 年後，已享有極高聲譽的盧梭回故鄉探望父親時，在波光瀲灩的湖面上，他意外地看到了菲爾松小姐，在與他相距不遠的一條船上。她穿著簡樸，面容憔悴而黯淡。盧梭想了想，最終還是讓人悄悄地把船划開了。他寫道：「雖然這是一個相當好的復仇機會，但我還是覺得不該和一個四十多歲的女人，算二十年前的舊帳。」

無論是雨果還是盧梭，在遭受到自己最愛的人無情離棄和愚弄後，他們的悲憤與怨恨，我們是可以理解的。然而當重逢之際，他們卻不再燃起當初的怨恨與報復欲，相反的，竟情不自禁地伸出溫情之手拉她一把或悄悄離去。

究其原因，還是愛。因為他們曾經真正地愛過、痛過，那份愛已深入骨髓，溫暖過他們的生命旅程。

　　為什麼在受到對方深深傷害之後，那份愛仍然如此堅定？那是因為真正的愛無法被動搖。

6.

聆聽的溫柔

　　生活中那些思想豐富、謙虛品格、專注聆聽的人，自然會受到他人的喜愛和尊重。聆聽也是愛的一種表達，在人際交往中扮演著極其重要的角色。

　　作為言語交流的一種主動行為，聆聽具有十分重要、不可替代的功能。著名幽默大師馬克·吐溫，提出了一個「獲得知心朋友的方法」：給予適當的讚揚，盡量聆聽別人的話語，而不是插嘴辯駁。

　　現實生活中，一個好的聽眾常常比自誇自大的人，更能贏得他人的好感和關愛。聆聽越多，你就會越受到更多人的喜愛，成為更多人心目中理想的交談對象。

　　每個人都希望將心中的想法與感受表達出來，但不論你自認為自己是多麼出色的演說家，都不應該忽視他人的存在。在交談中，滔滔不絕、獨占話語的人，往往會招致他人的反感，應該給予別人說話的機會。善於聆聽他人的言語是一種高尚的特質，也是對他人的一種愛的表現。

　　認真聆聽別人的話語，表明了對對方的尊重和關愛，人們也會將忠實的聽眾視為可以信賴的知心朋友，並給予充分的愛和支持。

　　一位在企業中擔任小官的人，向朋友訴說心中的苦水：上班時，他勤勞工作、小心謹慎、努力向上；但在家裡，妻子卻負責所有的家務。長期以來，這樣的不公平讓他感到壓力重重。他的朋友默默聆聽著，並在適當時候給予安慰和支持，這讓他深感溫暖與感激。

　　我們生活在由鋼筋混凝土構建的城市中，往往會遭遇事業挫折、身心疲憊、愛情失意、被流言中傷等種種困境。這就是生活，我們無法拒絕這些不期而至的挑戰。在這些困境中，有些人會感到沮喪、情緒低落、易怒。這些陷入困境的人急需一個宣洩的出口，需要有人願意聆聽他們的訴說。如果我們能給予理解和真誠的支持，就能讓他們感受到關愛，從困境中走出來，重新對生活充滿信心。反之，如果沒有人願意傾聽他們的抱怨，或者隨意對待他們，那麼無疑會使他們陷入更深的絕望之中。

　　有一位普通的工人剛開始工作時，由於對工作環境不熟悉，感到困惑和苦悶。他的困境日益加深，讓他心情沮喪，甚至在家中發脾氣，影響了家人的生活。後來，他幸運地結識了一位年長、善解人意的師傅。這位老師傅耐心聽取了他

的煩惱，時不時地給予安慰，讓這位工人感受到了溫暖與支持。隨著苦水的宣洩，他的心情逐漸平靜，工作效率也提高了，他一步步走向成功。

這位師傅當年的專注和安慰的言語，一直留存在工人的記憶中。他也學會了聆聽，專注、投入、耐心地聽取他人的訴說。因此，許多人願意將自己的煩惱告訴他，並從他那裡得到關愛和鼓勵。

馬可·奧勒留，是世界上最優秀的名人訪問者之一，他認為許多人不能給人留下好印象，是因為他們不善於靜聽。他說：「他們只在意自己接下來要說什麼，而不願意聆聽。有些大人物告訴過我，他們更喜歡善於靜聽的人，而不是善於說話的人。然而，善於靜聽的能力很少見。」不僅是大人物，甚至一般人也需要。許多人求診醫生，只是因為他們需要一個願意靜聽的人。因此，我們應該學會傾聽，對同學、同事、父母、兄弟姐妹、伴侶、朋友等都要如此。聆聽是愛的表達，是給予他人關愛的一種方式。

聆聽別人的話語，表現對他人的尊重，是贏得親近和關愛的重要方法，在日常交往中，扮演著至關重要的角色。

愛的豐盛

人生最需要支撐的就是愛。如果丟了財富，你只失去了一點；如果沒了信譽，你失去了很多；如果沒有愛，你就失去了全部。如果你擁有了愛，你就擁有了成功與財富。

生活就是這樣，你播下什麼就會收穫什麼。我們如何對待別人，別人就會同樣對待我們，就像種子撒在泥土中，到了春天會開出美麗芳香的鮮花。愛的種子撒在別人的心裡，我們也會不經意間聞到鮮花的芬芳，得到豐收的喜悅。

一個婦人出門看到三位老者坐在她家門前，婦人與他們素不相識，她上前對他們說：「你們一定餓了，請進屋吃點東西吧。」

「我們不能一同進屋。」老人們說。

「為什麼呢？」婦人感到疑惑。

一個老人指著同伴說：「他叫財富，他叫成功，我是愛。你現在進去和家人商量商量，看看需要我們哪一個。」

婦人回去和家人商量後，決定把愛請進屋裡。

婦人出門問三位老人：「哪位是愛，請進來做客。」愛老人起身朝房子走去，另外兩位也跟在後面。

婦人感到驚訝，問財富和成功：「你們兩位為什麼也進來了？」

老人們一同回答：「哪裡有愛，哪裡就有財富和成功。」

我們都不是獨個地生活在這個世界上，這個世界最需要的支撐就是愛。無論你走到哪裡，你都會發現，只要你真誠地愛別人，別人也會真誠地愛你，你就可以贏得愛的回報。

或許你曾聽過這樣一個故事：

有位聰明老人住在城門附近。有一天，一名來自他鄉的人推開城門，好奇地問道：「這城裡的人，人品如何？」老人反問：「你住的城裡，人們人品是如何呢？」他鄉人嘆道：「那裡的人彼此猜忌、互相嫉妒，充滿自私與私利。我實在受不了，所以離開了那座城市。」老人聽後只是搖了搖頭：「你真可憐，這城裡的人和你之前遇到的完全一樣。或許你在這裡也難尋幸福。」聽完老人的話，他鄉人傷心地離去。不久之後，又有一人來到老人面前，問起同樣的問題。老人又問他：「你原來住的城裡，他們是怎樣的人呢？」那人回答：「他們都很友善，互相幫助、信任，彼此理解，我想他們可能是世界上最有愛心的人。」老人笑著說：「那太好了，年輕人！這裡的人和你之前所遇到的一模一樣。你會

在這裡找到歸屬，你將深愛這些人，他們也會愛上你的。」

這故事好似生活的寫照，你種下什麼，就會獲得什麼。

1930 年，西蒙・史佩拉傳教士每天在鄉村田野中漫步。他對經過的人都展現熱情，向他們打招呼問好。其中有個叫米勒的農夫，是他每天打招呼的對象之一。起初，當史佩拉向米勒道早安時，他只是無動於衷地轉身離去，表情冷硬。因為在那個地方，猶太人和當地居民的關係並不融洽，成為朋友的機會稀少。但這並沒有讓傳教士氣餒。他堅持每天以溫暖的笑容和熱情的態度向米勒問好，終於有一天，農夫向他點頭示意，臉上甚至露出了一絲笑容。這樣的互動一直持續了好幾年，一直延續到納粹黨掌權。

史佩拉和村中的猶太人一同被集合送往集中營。他被轉送到一個又一個營地，最終抵達了位於奧許維滋的最後一個集中營。當火車停下來，他靜靜地站在長長的行列中，等待著下一步的命運。他遠遠地看到營區指揮官手持指揮棒，時而指左、時而指右。他明白向左是通往死亡之路，而向右還有一絲生機。心跳急促，隨著靠近指揮官的距離而加快，因為他知道，這位指揮官有權將他送進火坑。

當他的名字被喚出時，指揮官轉身望向他，兩人的目光相遇。史佩拉安靜地向他打招呼說：「早安，米勒先生。」米勒的眼神依然冷酷，但在聽到這招呼後，眼睛卻不自覺地

抽動了幾秒，然後他也靜靜地回答：「早安，先生。」接著，他舉起指揮棒，指向一邊說：「右！」。

　　史佩拉深知上帝的愛能拯救人的生命。即使在生死關頭，愛也是最強大、最有力的支柱。我們應該對待身邊的人懷有一顆友愛之心，即使他們的力量遠不及我們。

　　在這個世界上，愛是最堅固、最有力的支撐。只要你付出愛，無論身在何處，你都將獲得愛的回報。

8.

以愛化解

　　愛是一種高尚的情操，懂得以愛心和寬容對待仇恨自己的人，展現了博大的胸懷。歷史上，無論古今中外，那些擁有偉大志向和遠大視野的人，都是修身養德、以仁愛為懷的典範。

　　對於那些心胸狹隘、斤斤計較、執著於小事的人而言，即使只是一句話一個眼神的不滿，也會長久困擾。因此，用自己的愛心去寬恕他人，不僅是贏得友善的關鍵，更是化解怨恨的重要途徑，是走向成功之路不可或缺的寶貴品德。

　　「即使受到傷害，我們也在學會愛人」，這句話是某個電視節目中，一位女孩在鏡頭前所講的話。這句話無疑會啟發和感動很多人，因為其中蘊含了深刻的真理。

　　生活的經驗告訴我們，無論出於何種理由，仇恨都是毫無價值的。舉個例子：曾經有一位非常富有的商人，他在年事已高之際，決定把財產分給他的三個孩子。然而，在分財產之前，他要求他的孩子們出去遊歷世界、做生意。

　　在孩子們出行前，這位富商對他們說道：「你們一年後

要回到這裡，告訴我在這一年裡，你們所做的最高尚的事。我的財產我不想分割，只有在一年後能夠做到最高尚之事的那個孩子，才能得到我全部的財產。」

一年過去後，三個孩子回到父親跟前，報告這一年來的所獲。

老大先說：「在我遊歷期間，曾遇到一個陌生人，他十分信任我。將一袋金幣交給我保管。後來他不幸過世，我將金幣原封不動地交還他的家人。」

父親聽了微微一笑，說道：「你做得很好，但誠實是你應有的品德，稱不上是高尚的事情。」

老二接著說：「我旅行到一個貧窮的村落，見到一個衣衫破舊的小乞丐，不幸掉進河裡，我立即跳下馬，奮不顧身地跳進河裡救起那個小乞丐。」

父親讚賞地點點頭，說道：「你做得很好，但救人是你應盡的責任，還稱不上是高尚的事情。」

老三遲疑地說：「我有一個仇人，他千方百計地陷害我，有好幾次，我差點死在他的手中。在我旅行途中，有一個夜晚，我獨自騎馬走在懸岸邊，發現我的仇人正睡在崖邊的一棵樹旁，我只要輕輕一腳，就能把他踢下懸崖；但我沒這麼做，我叫醒他，讓他繼續趕路。這實在不算做了什麼大事……」

父親認真說道：「孩子，能幫助自己的仇人，是高尚而且神聖的事，你辦到了，來，我所有的財產將是你的。」

愛產生愛，恨產生恨。懂得用愛去看待仇恨自己的人，甚至能從容地幫助仇恨自己的人，才是真正高尚的人。

9.

仇恨的代價

寬容和博愛是使人心靈變得寬廣無比的力量，而仇恨則常使人永遠困於憤怒和狂暴的陰影中。它不僅會燒傷他人，也會燒傷自己。

如果一個人無法有效克服仇恨這一弱點，就好比是在登山時戴著枷鎖和腳鐐，不僅會影響行進速度，更可能使人陷入無底深淵。《聖經》上說：「充滿愛意的粗茶淡飯，勝過仇恨的山珍海味。」

當我們心存仇恨時，就賦予對方更大的力量來壓倒我們自己，給他機會控制我們的睡眠、胃口、血壓、健康，甚至我們的心情。如果我們的敵人知道他給我們帶來的困擾有多大，他一定會高興極了！仇恨無法傷害到對方一根汗毛，但卻將自己的日子弄得像煉獄一般。

猜猜看下面這句話是誰說的：「如果有個自私的人占了你的便宜，把他從你的朋友名單上除名，但千萬不要為仇恨而去報復。一旦你心存報復，對自己的傷害絕對比對別人

的大得多。」這話聽起來像是哪位理想主義者說的。其實不然，這段話出現在紐約警察局的布告欄上。

報復怎麼會傷害自己呢？《生活》雜誌報導，報復可能毀了你的健康。高血壓患者最主要的個性特徵是惦記仇恨，「長期的憤恨造成慢性高血壓，引起心臟疾病。」

耶穌說：「愛你的敵人。」他可不只是在傳道，他宣揚的也是 21 世紀的醫術。當耶穌說：「原諒他們七十七次。」他是在告訴我們如何避免因仇恨而患高血壓、心臟病、胃潰瘍以及過敏性疾病。

一位女士得了嚴重的心臟病，醫生命她臥床休養，交待她不論發生任何情況都不得動怒。醫生都了解如果心臟衰弱，任何一點憤怒都會要人的命。真的如此嗎？幾年前華盛頓一位餐廳老闆就因一次憤怒而亡。警方報告說：「威廉‧法卡伯曾是咖啡店老闆，因廚師堅持用碟子飲用咖啡，竟一怒而亡，因為他急怒之下抓起左輪槍追殺廚師，心臟衰竭，倒地不起。驗屍報告宣告心臟衰竭的起因是憤怒。」

當耶穌說「愛你的敵人」時，他也是在告訴我們如何改進自己的容貌。相信你也看見過 —— 一些人的容貌因仇恨而布滿皺紋或變形。再好的整形外科也挽救不了，更遠不及因寬恕、溫柔、愛意所形成的容顏。

如果我們的仇人知道他能消耗我們的精力，使我們神經

疲憊、容顏醜化，搞得我們心臟發病、提前離世，他難道不會拍手偷笑嗎？

即使我們不能愛我們的敵人，起碼也應該多愛自己一點。我們應該愛自己，不讓敵人控制我們的心情、我們的健康以及容貌。莎士比亞說過：「仇恨的怒火，將燒傷你自己。」

瑞典的羅納先生，幾年來在維也納從事律師工作，一直到二次世界大戰，他才回到瑞典。他一文不名、極需工作。既然他能說寫好幾種語言，他希望為進出口公司擔任文書工作。大多數公司都回信說因為戰爭的緣故，他們目前不需要這種服務，但他們會保留他的資料等等。其中有一個人卻回信給羅納說：「你對我公司的想像完全是錯誤的。你實在很愚蠢。我一點都不需要文書員。即使我真需要，我也不會僱用你，你連瑞典文也寫不好，你的信中充滿錯誤。」

羅納收到這封信時，氣得暴跳如雷。這瑞典人居然敢說他不懂瑞典話！他自己呢？他的回信才是充滿錯誤。於是羅納寫了一封足夠氣死對方的信。可是他停下來想了一下，對自己說：「等等，我怎麼知道他不對呢？我學過瑞典文，但它並非我的母語。也許我犯了錯，我自己都不知道。真是這樣的話，我應該再加強學習才能找到工作。這個人可能還幫了我一個忙，雖然他本意並非如此。他表達得雖然糟糕，倒

不能抵消我欠他的人情。我寫一封謝函給他。」

羅納把他寫好的信揉掉，另外寫了一封：「你根本不需要文書員，還不厭其煩回信給我，真是太好了。我對貴公司判斷錯誤，實在很抱歉。我寫那封信是因為我查詢時，別人告訴我你是這一行的領袖。我不知道我的信犯了文法上的錯誤，我很抱歉並覺得慚愧。我會再努力學好瑞典文，減少錯誤。我要謝謝你幫助我的自我成長。」

幾天後，羅納又收到回信，請他去辦公室見面。羅納依約前往，並得到了工作。羅納自己找到方法：以柔和驅退仇恨。

我們可能不能神聖到去愛敵人，但為了我們自己的健康與快樂，最好能原諒並忘記，這樣才是明智之舉。

10.
超越報復

　　與人相處時，應該盡量看到對方的優點，對於一些不同之處和不必要的磨擦，忍耐一下也就過去了。要知道，心懷怨恨、想著報復的人，是永遠無法快樂的。

　　在日常生活中，人與人之間的矛盾往往只是些微不同，並沒有到「不共戴天」的地步。我們每個人都同時是魔鬼和天使，具有優點和缺點，美好和不足同在。

　　世界上許多的悲劇和恐怖都源於人與人之間的不容忍。然而，要實踐忍讓和寬容，說起來容易，但做起來卻非常困難。當人們受到無辜的傷害時，往往會心生報復的念頭。但事實上，報復無法帶來快樂，這一點在印度大文學家泰戈爾的〈畫家的報復〉中已有深刻的解答。

　　一個存心報復的人，自己所遭受的傷害往往比對方更大。內心充滿怨恨的人是永遠無法快樂的。相由心生，如果一個人無法消除心中的怨恨，即使全世界的美容師都無法美化他的容貌。

　　生活中有許多時候需要忍讓和寬容。這不是膽怯的表現，而是出於關懷和體諒。忍讓和寬容是一種給予、奉獻，也是人生智慧的體現。

　　學會寬容，學會大度，是每個人生活中的大事。整天被不滿和怨恨所控制的人，是最痛苦的。

11.

解開心結

　　無論是被動的還是主動的，怨恨都是一種鬱積著的邪惡，它讓快樂窒息，危害我們的健康。為了我們自己，必須消除怨恨，而諒解便是最好的良方。

　　也許昨天，也許很久以前，有人傷害了你，你無法忘記。你本不應該受到這種傷害，於是你把它深深地埋藏在記憶裡。但你並不是唯一受到傷害的人，我們所有人都在以自己的方式應付這個世界。在這個世界裡，甚至出於好意的人也會傷害到他人。朋友背叛我們，父母責罵我們，愛人離開我們……總之，我們每個人都會受到傷害。

　　哲學家漢納・阿蘭特發現，忘卻痛苦記憶的唯一辦法，是原諒。受到這種精神的感召，1983 年 12 月的一天，教皇保羅二世走進了羅馬郊外雷貝比亞監獄的一間潮溼的單人牢房，探望了穆罕默德・阿里・阿格薩，他曾向教皇的心臟開了一槍。教皇單獨與行刺者靜靜地待了一會兒，教皇原諒了他。

　　然而，對常人來說，這是不易原諒的。這個舉動看起來幾乎有悖常理。我們的公平意識告訴我們，人們應該為他們所犯下的錯誤負責；但是，諒解能奇蹟般地治癒創傷，甚至使我們和好如初。

　　那麼，該如何做怎樣才能擺脫傷害呢？難道我們應該像個孩子般，鬆開手讓被捕的蝴蝶自由飛走嗎？為你提供踏上諒解之路的指引：

1. 正視你的怨恨

　　我們經常不願意承認自己對某人的怨恨，反而將怨恨深藏心底，外表裝作無所謂的樣子，但實際上這樣做，會對關係造成很大的影響。我們把承認自己的怨恨並迫使自己做一次靈魂深處的剖析，稱為諒解。我們必須勇敢地承認已發生的事情，面對他人說：「你冤枉我了。」

　　麗茲在加州某所大學擔任助教，她是優秀的教師。她所在系的系主任答應幫她向院長推薦升職。然而，系主任的報告卻充滿了對她表現的負面評價，於是院長告訴她應該再找別的工作。麗茲對系主任感到非常痛恨，但她又需要從他那裡得到推薦信。當他告訴她，自己無法說服院長時，麗茲裝作相信了他。然而，她無法繼續維持這種虛偽的態度，有一天，她直接面對系主任問明真相，他十分尷尬地否認了一

切。麗茲意識到他是一個可憐又軟弱的人。她感到有必要給予他原諒，於是便釋懷了自己對他的怨恨。

2. 使傷害者脫離傷害

我們通常對那些傷害我們的人感到憤怒。《聖經》中描述，古代的善惡報應將人類的罪孽拴在了山羊身上，然後放逐到荒涼的土地上。原諒那些曾傷害過我們的人，他們將給予我們一個嶄新的天地，展現出他們的過錯，脫去了偽裝的外衣。

當我們深入了解人們的內心思想時，我們會發現一個可憐、易於犯錯的人性，這將改變我們的感情。卡爾收養的女兒凱西，是一個天真、熱情的 16 歲少女。她的生母遺棄了她，她很憤怒，一直懷疑自己為什麼不值得母親撫養。後來，她找到了自己的親生父母，發現他們年輕且貧困，只是同居而已。

在一次朋友的意外懷孕事件中，凱西幫助她的朋友度過了難關。逐漸地，她明白了在那種環境下，母親那樣做是正確的。她開始理解母親當時的處境 —— 因為太愛自己的孩子，所以只好放手。凱西的同情心使她的憤怒逐漸平息，她原諒了自己的母親，並開始發現自己身為一個堅強有用之人的價值。

　　復仇永遠無法治癒創傷，反而會導致無盡的報復。甘地說得好：「如果我們都把『以眼還眼』式的公正作為生活準則，那麼全世界的人都將成為瞎子。」神學家涅博爾在二戰後也說：「我們最終必須與我們的敵人和解，否則，我們雙方都將在無休止的仇恨中毀滅。」

　　當我們願意諒解時，就解開了內心的痛苦；不僅治癒了創傷，還創造了擺脫過去痛苦的新起點。

電子書購買

爽讀 APP

國家圖書館出版品預行編目資料

人生選擇權，九步邁向更完整的自我：目標規劃
× 自我挑戰 × 親密關係 × 情緒價值……人生中
的無數抉擇，都要遵循心之所向！ / 王郁陽，舒
天，孫思忠 主編 . -- 第一版 . -- 臺北市：崧燁文
化事業有限公司 , 2024.05
面；　公分
POD 版
ISBN 978-626-394-260-8(平裝)
1.CST: 自我肯定 2.CST: 自我實現
177.2　　113005343

人生選擇權，九步邁向更完整的自我：目標規劃 × 自我挑戰 × 親密關係 × 情緒價值……人生中的無數抉擇，都要遵循心之所向！

臉書

主　　編：王郁陽，舒天，孫思忠

發 行 人：黃振庭

出 版 者：崧燁文化事業有限公司

發 行 者：崧燁文化事業有限公司

E - m a i l：sonbookservice@gmail.com

粉 絲 頁：https://www.facebook.com/sonbookss/

網　　址：https://sonbook.net/

地　　址：台北市中正區重慶南路一段六十一號八樓 815 室

Rm. 815, 8F., No.61, Sec. 1, Chongqing S. Rd., Zhongzheng Dist., Taipei City 100, Taiwan

電　　話：(02) 2370-3310　　傳　　真：(02) 2388-1990

印　　刷：京峯數位服務有限公司

律師顧問：廣華律師事務所 張珮琦律師

─版權聲明─

原本書版權為淞博數字科技所有授權崧燁文化事業有限公司獨家發行電子書及繁體書繁體字版。若有其他相關權利及授權需求請與本公司聯繫。

未經書面許可，不可複製、發行。

定　　價：375 元

發行日期：2024 年 05 月第一版

◎本書以 POD 印製

Design Assets from Freepik.com